창공을 나는 새가 되어

정경자 지음

나침반

창공을 나는 새가 되어

특별히＿＿＿＿＿＿＿＿＿＿님께
이 소중한 책을 드립니다.

서시

주님과 함께 창공을 나는 새가 되어

보송보송한 새 깃털이 퍼득거릴 때,

주님이 함께하심으로

창공을 날 수 있었습니다.

폭풍이 불어도

주님이 함께하심으로

폭풍 속을 날 수 있었습니다.

비바람이 몰아쳐도

주님이 함께하심으로

비바람을 뚫고 날 수 있었습니다.

이제는 강한 두 날개를 활짝 펴서

주님이 함께하심으로

세상 풍파를 향해

훨훨 나는 새가 되었습니다.

성령님이 주시는 작은 불씨

이 책을 쓰게 된 동기가 있다.

어느 날, 딸이 손녀들과 함께 집을 방문했을 때 나에게 다가와 이렇게 말했다.

"엄마! 앞으로 우리 아이들이 읽을 수 있도록 할머니가 지금까지 살아온 일들을 기록해서 책으로 남기면 좋을 것 같아요."

순간 퍼뜩 잠에서 깨어난 것처럼 내게는 그 말이 마치 성령님의 음성으로 들려왔다. 그렇지 않아도 언젠가 남편에게 "나 글을 쓰고 싶어요. 우리 지나온 일들을 글로 쓰면 어떨까요?"라고 말한 적이 있었는데, 그러한 나의 바람이 딸의 마음에까지 전달되었던 것일까? 그래서 나도 모르게 기다렸다는 듯이 선뜻 대답하고 말았다.

"응! 그래, 할 수 있지. 그런데 너희 아이들이 읽을 수 있게 하려면 영어로 써야 하는데 그건 어떻게 하지?"라는 나의 염려스런 말에 걱정 말라면서 자신이 번역할 수 있다고 했다. 딸의 대답에 나의 마음은 요동치기 시작했고, 글을 쓰고 싶다는 생각이 강하게 밀려왔다. 이렇듯이 성령님은 딸을 통하여 나에게 지나온 삶을 돌아볼 수 있는 작은 불씨를 심어 주셨다.

그러나 글을 쓰는 재주가 없다는 것을 스스로 잘 알고 있었기에 망설일 수밖에 없었다. 아무튼 대답을 하였으니 시작해 보자고 했지만 막상 종이를 대하고 보니 머리가 텅 빈 듯 생각이 나지 않았다. 어쩔 수 없이 하나님께 무릎을 꿇고 기도했다.

"성령님, 도와주세요."

나는 주님을 의지하지 않을 수 없었다. 인생의 많은 환난과 고통 속에서도 살아 계신 하나님의 도우시는 손길이 언제나 나와 함께하셔서, 이 시간까지 하나님의 은혜 가운데 살아온 삶이었다. 하나님의 사랑을 깨달은 나의 마음을 글로 옮겨보고 싶어졌다. 나는 성령님을 의지하는 마음으로 펜을 잡고 써내려가기 시작했다.

어느덧 어렸을 때부터 지나온 일들이 하나하나 떠올랐다.

이렇게 하여 쓰기 시작한 나의 글이 우리 손녀들뿐만 아니라 우리 이웃들이 하나님을 더 잘 섬기며 온전한 믿음의 사람들이 되도록 격려하고 힘을 주는 작은 통로가 되기를 바랄 뿐이다.

이 모든 일은 전적인 성령님의 도우심으로 이루어졌으며, 작고 미약한 나에게 주시는 은혜였음을 확신하며 감사를 드린다.

오직 하나님께만 영광을 돌립니다!

정경자

목차

제2부 # 새로운 꿈을 꾸며 새 땅으로

제3부 # 하나님의 놀라운 은혜와 섭리 가운데

제1부

인생 여정 속에
징검다리 되어

1

눈을 뜨게 해주신 성령님

어느 날 새벽, 나는 자리를 박차고 일어나 밖으로 나왔다. 아직 어둠이 채 가시기 전이라 제법 쌀쌀한 새벽 찬바람을 온몸으로 느끼며 운전을 하고 간 곳은 교회 성전이었다. 무엇인가 마음속에 강력한 힘이 나를 기도하고 싶은 마음으로 이끌었다. 주님 앞에 꿇어 엎드려 기도하고 있는 동안, 나의 입술의 모든 말은 어느새 작은 흐느낌으로 바뀌면서 순간 눈물이 흘러내렸다. 한없이 눈물을 쏟아내고 있는 나의 모습에 스스로 '언제 이렇게 눈물이 많아졌지?' 하는 생각이 들어 새삼 놀라웠다.

하나님께 나의 마음속에 있는 모든 것을 털어놓고 지난 잘못들에 대한 용서를 구하며 간절히 기도를 하다 보니 어느새 마음이 한결 가벼워짐을 느꼈다. 성전 밖으로 나왔을 때 나의 두 눈은 통통 부어 있었고, 시간이 흘러 이미 아침 햇살은 눈부시게 빛나고 있었다.

　지금까지 살아온 나의 삶은 마치 전쟁터를 방불케 하는 마음속의 치열한 싸움터였음을 느낀다. 열심히 산을 오르며 가파른 길을 걸어왔고, 험한 골짜기를 헐떡이며 수없이 넘나들었다. 그때마다 예수님이 성령님을 통해 바람 날개를 펴시고 나를 품어 주시고 동행해 주셨으며, 병마의 아픔과 고통에 시달리고 있을 때에도 견딜 수 있는 힘을 주시며 치유해 주셨다.

　또한 끊임없이 괴롭히는 세상 풍파 속에서 근심과 걱정이 쌓여갈 때도, 평안함으로 인도해 주셔서 늘 감사와 찬양을 드리게 되었다. 더욱이 나에게 있어 그 어떤 것과 비교할 수 없는 큰 기쁨은, 예수님이 나에게 찾아와 주셔서 잠자고 있던 나의 영혼을 깨워 주셨고, 또한 나의 영혼에 빛을 비춰주심으로 영적인 눈을 뜨게 해주신 일이었다.
　성령님이 나의 마음을 만져주심으로 전에는 막연하게 주님을 바라보았고 머리로만 생각했었는데, 이제는 하나님의 사랑을 온 마음으로 느끼게 되어 복받쳐 오르는 감정이 눈물이 되어 주르륵 흐르곤 했다.

"주의 사랑 비칠 때에 기쁨 오네
　근심 걱정 물러가고 기쁨 오네
　기도하게 하시며 희미한 것 물리쳐

주의 사랑 비칠 때 기쁨 오네

그 큰 사랑 내 맘속에 명랑하게 비칠 때에

찬송하네 그 큰 사랑 내 맘속에

화평함과 기쁨 주네 그 큰 사랑"

은은하게 들려오는 찬송 소리가 나의 마음에 큰 기쁨으로 변하여 충만히 차고 넘친다. 오! 주님이 주시는 이 기쁨!

"오직 여호와를 앙망하는 자는 새 힘을 얻으리니

독수리가 날개치며 올라감 같을 것이요

달음박질하여도 곤비하지 아니하겠고

걸어가도 피곤하지 아니하리로라"(사 40:31).

2

고난의 파도 속에서

　　내가 태어나 살던 나의 고향은 산천
이 아주 아름다운 곳으로서, 병풍으로 둘러싸듯이 작고 높은 산들
이 도시를 감싸고 있는 아담한 도시 전주였다. 어린 시절에 자라며
뛰놀았던 이곳은 고향의 향수가 묻어 있는 정이 흠뻑 든 곳이다.
정 씨 집안의 아들 둘과 딸 다섯 중에서 막내딸로 태어난 나는 이
곳에서 넉넉하지 못한 가난한 어린 시절을 보내야만 했다.

　　고향을 떠나온 지도 벌써 45년이 흘렀고 길다면 길고, 짧다면 짧
은 세월 속에서 어느덧 70이라는 고개를 넘어가게 되었다. 이제껏
살아온 것이 꿈을 꾸는 듯하며 70이란 숫자가 도무지 현실로 느껴
지질 않는다. 야곱이 늙어서 죽은 줄만 알고 있었던 아들 요셉을
만나고 나서 애굽의 총리가 된 아들과 애굽 왕인 바로 앞에서 고
백했던 말씀이 생각난다.

"참으로 험악한 세월을 보내었나이다."

그렇다! 우리네 인생의 길이 결코 평탄치 않은 광야와도 같은 험난한 세상인 것을…. 그러나 하나님만 의지하고 바라볼 때, 세찬 바람이 불어오는 험난한 광야에 길을 내시고 사막에 물이 흐르게 하시는 하나님의 긍휼하심과 인자한 손길이 언제나 함께하신다. 나 홀로 걸어온 길이 아니었음을, 오늘도 세상 속 험한 광야길을 지나고 있는 나에게 깨달음의 크신 은혜로 다시금 다가온다.

나의 어린 시절의 기억을 머릿속에 그려 본다. 6.25 전쟁으로 이 땅이 온통 공포에 떨고 있을 때였다. 쾅! 쾅! 간간히 들려오는 폭격 소리에 가슴에 섬뜩함을 느끼며 깜짝깜짝 놀랐으며, 머리 위로 비행기 폭음 소리가 귓전을 때리며 지나갈 때면, 모두들 두려움에 떨며 가슴 졸이면서 지내야만 했다. 해가 넘어가고 어둑어둑해지면 모두 문을 꽁꽁 걸어 잠그고 숨을 죽인 채 마음을 놓지 못하고 불안해 했었다. 그런 생활에 견디다 못해 할 수 없이 부모님들은 보따리를 꾸려서 가족들을 이끌고 피난길에 나섰다. 수많은 피난민들의 행렬… 다들 전쟁의 아픔을 안고 정든 고향산천을 쫓기듯 떠나 떨어지지 않는 발걸음을 낯선 미지의 땅으로 옮기고 있었다.
"아아! 어찌 우리 잊으랴, 그날의 아픔을!"

끝없이 이어지고 있는 행렬들 틈에 끼어 철부지였던 나는 부모님을 따라 전주시에서 얼마간 떨어진 높은 산 밑까지 피난을 가게 되었다. 그곳에 짐을 풀긴 했지만, 너무나도 힘든 생활이 었다. 밤마다 잠도 제대로 자지 못했고, 극성스럽게 윙윙거리는 모기 떼들의 향연으로 결국은 견디지를 못하고 다시 짐을 싸들고 외갓집으로 가게 되었다. 외갓집 주위에는 낮은 산등성이에 대나무 숲이 우거져 있었고, 방공호를 만들어 놓았기 때문에 폭격 소리가 들리게 되면 곧바로 방공호 굴속으로 뛰어 들어가곤 했던 기억이 난다.

얼마 동안의 시간이 지나고 비행기 소리와 폭격 소리가 조금 뜸해지더니 휴전이 된 듯했다. 그래서 모두 집으로 돌아왔지만 전쟁이 휩쓸고 간 이 땅은 너무도 황폐해졌으며 폐허가 된 곳도 많았다. 이 땅의 백성들 모두가 비참한 생활로 가난에 허덕이며 근근이 살아가야만 했다. 이렇듯 전쟁의 후유증은 너무나 컸으며, 고난의 시간들은 계속 이어져 갔다.

아버지는 가족들을 먹여 살려야 했기에 시장에 점포를 얻어서 생활하셨는데, 세 딸들을 교육시킬 형편이 되지 못하셨음에도 불구하고 학비만큼은 어떻게든 마련하기 위해 온갖 힘을 쏟으셨다. 어느 때는 빚을 얻어 학비를 내주시고는 미처 빚을 갚지 못해서 채권자에게 심하게 곤욕을 치르는 것을 보며 너무나도 가슴이 아팠던 기억이 난다. 나의 부모님은 언제나 정직하게 살기 위해 노력하셨고, 생활하면서 그분들이 큰소리 내는 것을 나는 전혀 듣지 못했다. 아버지께서는 우리 형제들이 잘못된 행동을 하지 않고 매사에 예의에 어긋나지 않기를 늘 당부하셨다.

나중에 위의 두 언니들은 다 결혼을 했지만, 딸들이 많은 우리 가정에서는 오빠가 늘 왕노릇을 하였다. 군대를 갔다 온 오빠는 언제나 불평을 늘어놓곤 했다.

　"시집가면 다 소용없는 딸들인데 왜 이 고생을 하시면서 가르치려고 하십니까?"

　오빠의 푸념을 들을 때마다 부모님은 아무런 말씀도 하지 않으셨지만, 사실 오빠가 불평하는 것도 한편으로는 당연했다. 없는 살림에 고생고생하시며 딸자식들까지 공부시키느라 애쓰시는 부모님의 모습이 안타까웠기 때문이다. 자식들은, 특히 딸자식들은 결혼하면 다 제 갈 길로 가지만, 부모님들은 자식들이 잘되기만을 바라는 마음인 것이 우리 인간뿐만 아니라 모든 만물의 이치일 것이다. 가난으로 늘 허덕이셨지만 절망하지 않으시고 가족들을 위해 온갖 수모와 고생을 참고 견뎌내셨던 부모님을 생각하면 지금도 가슴이 저린다. 그래서 하나님께서는 "네 부모를 공경하라 그리하면 네 하나님 여호와가 네게 준 땅에서 네 생명이 길리라"라고 말씀하셨다.

　하나님은 인간을 지으시고 복 주시기를 원하시며, 우리를 지켜주시고 은혜 베푸시기를 원하며, 평강 주시기를 원하시는 자비의 하나님이시다(민 6:24-26). 그러나 하나님을 믿지 않고 말씀대로 살지 않는 하나님을 떠난 인생들은, 세상이 좋아서 세월이 흘러가는 대로 제 맘대로들 살고 있다. 죄악 중에 태어난 인간들이 살아 계신 하나님을 알지 못하여 불순종하는 삶을 사는 것이다.

"죽은 고기는 물결을 따라 떠내려가지만, 살아있는 고기는 큰 바위를 뛰어넘고 세찬 물결을 뚫고 거슬러 올라간다"라는 말이 있다. 비록 그 시대의 한국 땅에 큰 폭풍이 몰아쳤지만, 고난과 역경을 이겨내며 꿋꿋이 살아왔던 우리네 부모님들이셨다. 또한 그때는 하나님의 말씀이 살아 움직여 역사하심으로 많은 교회들이 일어났고, 부흥의 불길이 퍼져나가 뜨거운 기도 소리가 전국 방방곡곡에서 들려오는 성령님의 역사가 활발했던 때였다. 이렇게 하나님이 한국을 너무나 사랑하셨기에, 황폐한 전쟁의 역경 속에서도 우리 민족은 다시금 일어설 수 있었던 것이다.

3

어려움을 극복하고 배움의 길로

전쟁의 후유증으로 모두가 지쳐가
고 있을 때, 삶의 터전을 닦기 위해 늘 분주하고 피곤하셨던 부모
님은 막내딸이 학교에 갈 나이인 것도 잊고 있었다. 그 무렵에 둘
째 언니가 친정집에 와서 학교에도 가지 못하고 1년이 넘게 집에만
있는 나를 보고는 황급히 집 근처 학교에 데리고 가서 1학년으로
입학을 시켜 주었다. 그렇게 학기 중간에 학급으로 들어가게 되었
지만, 아무것도 모르는 나는 그저 공부하는 것이 재미있고 좋아서
열심히 따라가며 공부를 했다. 6학년이 될 때까지 우등자리를 놓치
지 않았던 나는, 당시에 수줍음이 많았고 말이 없고 용기가 없어서
남 앞에는 잘 나서지도 못하는 평범하고 조용한 소녀였다.

초등학교 6학년 졸업 때가 가까워질 무렵이었는데, 학비를 내지
못해서 그만 졸업하기가 어렵게 되어 버렸다. 그런데 담임 선생님

이 우리 가정 형편을 아시고 졸업만은 할 수 있도록 배려해 주셔서 부모님도 그저 고마운 마음으로 감사할 따름이었다. 선생님은 중학교도 갈 수 없게 된 내 처지를 안타까워하시면서 장학제도가 있는 성심여중에 시험을 보라는 조언을 해주셔서 도전해 보았는데, 근소한 점수 차이로 그만 장학생에서 떨어지고 말았다.

그러나 나는 공부하고 싶다는 열망으로 다시 도전하여 일 년 후에 전주여중에 합격하는 기쁨을 누리게 되었다. 하지만 그 기쁨도 잠시였고, 입학금을 걱정해야 하는 나의 괴로운 형편은 어찌할 수가 없었다. 겉으로 전혀 내색은 하지 않으셨지만 막내딸을 학교에 보내고 싶으신 아버지는 동분서주 노력하셨고, 그럼에도 불구하고 제때에 돈을 다 마련하지 못해서 결국은 입학을 포기할 수밖에 없었다.

나는 절망하지 않았다. 딸들을 가르치기 위해 밤낮으로 고생하시는 부모님을 생각하면 늘 가슴이 아팠기에 아무런 불평도 하지 않았다. 그러나 "하늘은 스스로 돕는 자를 돕는다"라는 속담이 있듯이, 하나님은 배움을 갈망하며 포기하지 않고 계속 꿈을 꾸고 있는 나에게 다시 학업의 기회를 주셨다. 입학금을 적게 지불하고 들어갈 수 있는 중·고등학교를 우연히 알게 되어 입학하게 되었는데, 설립한지 얼마 되지 않은 기독교 학교였다. 나는 공부할 수 있다는 것이 너무나도 기뻐서 하나님께 이렇게 외쳤다.

"하나님, 감사합니다! 나도 중학교 교복을 입을 수 있어요!"

나는 이름 있는 중학교에 들어간 동기들 못지 않은 자부심이 생겼고 떳떳함을 느끼기도 하였다. 다들 새로운 기분으로 교복도 새로 맞춰서 입고 다니는 가운데 나는 언니들이 입었던 낡은 교복을 입고 다녀야만 했지만 그래도 마음만은 마냥 좋았다.

하나님의 사랑과 은혜가 늘 나와 함께하셨다. 내가 출석하는 교회 목사님이 우리 학교에 부교감 겸 교목으로 부임하게 되었고, 나를 장학생으로 추천해 주셨던 것이다. 그분은 마치 하나님이 보내신 천사와도 같이 나를 도와주시고는 일 년 동안 계시다가 학교를 사임하셨다.

나는 중학교를 졸업하고 나서 곧바로 고등학교로 진학했으며, 1학년까지는 열심히 공부하였다. 그리고 고 2 때, 갑자기 마음속에 이름 있는 다른 좋은 학교로 전학을 가고 싶다는 생각이 꿈틀거렸다. 그렇게 해서라도 대학에 들어갈 꿈을 꾸었지만, 사실 가정형편은 생각하지도 않은 내 욕심일 뿐이었다.

그럼에도 불구하고 하나님께서는 나의 꿈을 이루어 주셔서 역시 기독교 학교인 다른 고등학교로 전학을 갈 수 있었다. 학비가 월등히 많았지만 하나님께서 감당할 여건도 만들어 주셨기 때문에 걱정은 하지 않았다. 다행히도 그 당시에 우리 집 형편이 많이 나아져 있었고, 마침 셋째 언니가 교사로 열심히 일하셨던 덕분에 어려운 우리 생활에 많은 보탬이 되었고, 내 학비도 마련해 주었던 것이다. 이 모든 일들은 정녕 하나님의 놀라운 은혜였고, 그 은혜 안에서 나는 고등학교도 무사히 마칠 수가 있었다.

4

신앙의 뿌리를 찾아서

내가 처음으로 교회에 나갔을 때는 8살쯤이었다. 옆집 아줌마의 인도로 어머니와 언니들을 따라가게 되었고, 가족과 함께 전주성결교회에 다니며 주일학교에 출석하였다. 주일학교 선생님이 아이들을 데리고 오면 큰 상을 준다는 말씀을 하셔서 상을 타고 싶은 욕심에 동네 아이들을 모아 교회로 데리고 가서 인도상을 받은 적도 있었다.

어머니는 헌금 낼 돈을 주실 때마다 구겨진 돈을 다리미로 다려서 주시곤 하셨다. 어머니 치마 속주머니에서 꺼낸 돈들은 보통은 다 구겨져 있었기 때문이었다. 늘 이런 어머니의 정성을 보았기 때문에, 나 또한 지금까지 교회 헌금만큼은 하나님께 드리는 것이기에 깨끗하고 구겨지지 않은 것으로 준비하는 습관이 생겼다.

어릴 적 고향의 교회에서는 어른들의 부흥회가 자주 열렸다. 나는 어머니를 따라가서 어른들 틈에 마룻바닥에 끼어 앉아서 열심히 목사님의 말씀을 듣곤 하였다. 마침 셋째 언니가 여학생 회장이 되어 열심히 교회에서 활동을 했었기에, 담임 목사님을 잘 알게 되었다. 훗날 언니네 가정이 미국으로 이민왔을 때, 목사님이 미국을 방문하신다는 소식을 듣고는 연락해서 모시게 되었는데, 그때까지 예수님을 믿지 않고 계시던 아버지를 위해서 세례를 베풀어 주실 것을 부탁하게 되었다.

한국에 계셨던 아버지는 병환으로 오랫동안 자리에 누워 계셨는데, 목사님은 한국에 돌아가시자마자 곧바로 아버님의 병상을 방문해 주셨다. 아버지는 그때 구원의 확신을 얻고서 세례를 받으신 후에 얼마 되지 않아 바로 소천하셨다. 이렇듯이 하나님께서는 아버님의 영혼을 구원하시기 위해 기회를 주셨고, 미국에 있는 세 딸의 소원을 이루어 주시며 하나님의 계획과 역사를 보여주셨다.

나는 1959년 중학교 3학년이 되던 해에 세례를 받았으며, 고등학교 때는 전주 서문교회에서 교회생활을 하면서 성가대원으로 열심히 봉사하였다. 크리스마스 때는 새벽에 쌓인 눈길을 걸으며, 교인 집집마다 찾아가서 대문 밖에서 크리스마스 캐럴을 불렀던 아름다운 추억도 간직하고 있다. 또한 새벽 어두컴컴한 길을 더듬어 걸으며 졸리워서 눈을 비비면서도 어머니를 따라 새벽기도에 참석하곤 하였다.

물고기가 물 밖에 나가서는 살 수 없듯이, 이렇게 교회와 하나님의 은혜의 방주 안에서 보호를 받으며 지나온 어린 시절이 가물가

물 머릿속에 떠오른다. 이사야 43장 1절에 이런 말씀이 있다.

"야곱아 너를 창조하신 여호와께서 지금 말씀하시느니라 이스라엘
아 너를 지으신 이가 말씀하시느니라 너는 두려워하지 말라 내가
너를 구속하였고 내가 너를 지명하여 불렀나니 너는 내 것이라."

'와! 내가 태어난 것이 주님의 은혜이며, 보잘것없는 나를 택하셔
서 내가 이 세상에 태어났다니…'
이 말씀이 나의 마음속 깊이 감격으로 밀려왔다. 그리고 주의 사
랑을 받고 태어난 것이 너무나도 기쁘고 자랑스러웠다. 하나님을
잘 알지도 못하면서 지나온 세월이었지만, 항상 마음속에는 주의
이름을 간직한 채 살아왔는데, 그 이유가 과연 내가 하나님의 형상
대로 지음받은 창조물이기 때문이었을까?
그렇다! 자녀들이 부모와의 인연을 끊을 수 없듯이, 우리 인간들
은 하나님의 사랑을 떠나서는 살아갈 수 없는 존재인 것이다.

5

백의의 천사가 되다

　　　　　고등학교 3학년을 졸업할 때가 가까
워졌다. 바로 위의 언니가 전주 예수병원 간호학교를 졸업하고 예
수병원에서 근무하던 때였다. 평소에 나는 언니 기숙사에 자주 놀
러 갔었는데, 사실 그럴 만한 이유가 있었다. 언니를 만나러 간다
는 핑계였지만 어쩐지 기숙사 생활이 좋아 보였고, 나의 마음이 그
곳으로 기울어지기 시작했기 때문이다.

　　전주 예수병원은 미국 선교사들이 세운 병원이었고, 또 간호학교
이기 때문에 세례를 받지 않으면 의사들이나 간호사들, 그 외의 직
종에서 일하는 사람들도 모두 취직할 수 없었다.

　　흰 유니폼을 입고 흰 캡을 쓰고서 예배실에서 예배를 드린 후에
병원으로 올라가는 백의의 천사들, 또는 파란 유니폼을 입은 간호
학생들을 보면서 나는 늘 부러워했고, 고등학교를 졸업하면 이곳

에 오리라고 마음먹었다. 백의의 천사가 되어 고통 가운데 신음하는 환자들에게 봉사하겠다는 꿈을 꾸면서, 나는 마침내 간호학교에 원서를 접수하게 되었다. 언니에게 간호학교에 가고 싶다고 의논을 했더니 언니도 흔쾌히 응해주며 모든 절차를 도와주었다.

시험 날짜가 되어서 시험 장소에 갔는데, 언니를 통해서 전국 각지에서 25명 정원에 120여 명의 많은 사람이 지원했다는 것을 알게 되었다. 북적대는 수험생들 틈에 끼어 있는 내 모습은 너무나 초라했고, 모두가 낯선 얼굴이었음에도 불구하고 내 눈에는 그들 모두가 나보다는 훨씬 더 월등하게 보여서 걱정이 앞섰다. 그래도 열심히 시험지에 답을 쓰고서 시험장을 나와 집으로 돌아왔다.

드디어 기대하며 기다렸던 발표날이 돌아와 달려가 보니, 내 이름이 세 번째 순서에 쓰여 있어서 놀라지 않을 수 없었다. 사실 3등으로 합격해서가 아니라 붙은 것만으로도 너무나 기쁜 마음이었다.

간호학을 공부하는 것은 쉬운 일이 아니어서 중도에 포기하는 학생도 많았다. 백의의 천사가 되어서 신음하며 고통하는 환자들의 손과 발이 되어 주기 위해서는 인내해야만 했고, 긍휼한 마음이 없다면 환자들을 돌보지 못하는 그런 자리였다. 우리는 철저한 간호학 공부와 함께 빈틈없는 훈련과 실습으로 교육을 받았고, 기숙사에서 모두 한 가족처럼 지내면서 마치 군대와도 같은 규칙적인 일상생활을 하면서, 사회와는 거의 접촉이 없다시피 우리만의 공간에서 생활하였다.

간호학 과목 중에서 사람의 인체에 대한 해부학(anatomy)을 처음 배우게 되었을 때 참으로 흥미로웠다. 인체를 이루는 세포 하나하나의 신비로운 구성은 잘 짜인 하나님의 최고 작품이었다. 반면에, 하기 싫었던 과목은 세균학으로서 공부하기가 매우 지루했으며 원문인 영어로 쓰여진 세균들의 이름은 왜 그렇게도 길고 어려운지 머릿속에 잘 들어오지 않았다.

고학년으로 올라가면서 수술실에서 실습을 하게 되었는데, 내 순서가 되어서 수술실에 들어가 실습하는 것은 골치 아픈 공부보다 훨씬 더 재미가 있었다. 수술실 가운을 입고 의사들의 수술 보조역할을 하는 과정에서 사람의 인체 속 장기들을 볼 수 있었는데, 더욱 흥미를 끈 것은 심장 수술을 할 때에 심장 박동이 여전히 일정하게 뛰고 있다는 것이 너무나 신기했다.

우리 몸에서 심장의 역할이 얼마나 귀중한 것인지 그저 감격스러울 뿐이었다. 또한 뇌가 활동하는 것을 배울 때는 더 한층 놀라웠으며, 하나님의 인간 창조에 관한 섬세한 섭리를 깨닫고 감탄하게 되었다.

이렇게 공부와 실습으로, 또는 병원에 나가 임상 실습을 하면서 많은 훈련을 받았다. 신앙생활을 하는 것도 빈틈없이 짜여 있어서 성경공부하는 시간도 주어졌고, 때로는 병원에서 시골로 봉사하러 가는 시간도 있어서 같이 가서 도와주곤 하였다.

길면서도 짧았던 간호학교 생활이었지만, 주님께서 주신 사명으로 알고 열심히 봉사하는 것을 배웠다. 육신의 병으로 신음하며 고통하는 그들에게 다가가서 조금이나마 우리가 할 수 있는 일을 베풀면서 진정 주님의 사랑을 전해주는 것이 우리 간호 학생의 사명이었다.

그 당시에 전주 예수병원은 전국적으로 잘 알려진, 의료선교를 위한 기독교 병원이었다. 예수병원은 1948년에 미국 남 장로교 선교회의 소속으로 세워졌으며, 초대 원장으로는 크레인 박사님이 헌신하셨다. 그분은 미국에서 태어나서, 양친이 선교사로 한국에서 활동하실 때 한국의 순천에서 자랐기 때문에, 전라도 사투리를 너무나 잘 구사하셨다.

예수병원의 모든 조직은 질서있게 선진국의 문명을 본받아 의료시설을 잘 갖추고 있었다. 그리고 기독교 선교 활동과 더불어, 교육사역을 헌신적으로 잘 실시함으로써, 50년대에 가난하기만 했던 한국 민족에게는 마치 등불과도 같은 역할을 하였다. 선진 의료기술로 많은 어려운 병자들을 치료하며 잘 돌보았고, 환자 중에 3분의 1 정도가 되는 몹시 가난한 사람들은 무료로 진료해 주는 혜택도 베풀었다. 그리하여 기독교 복음도 더욱 널리 전파되어 갔다.

매일매일 병원에서의 생활은 의사와 간호사들, 그리고 직원들까지도 모두가 예외없이 병원 채플실에서 먼저 하나님께 예배를 드림으로써 시작되었다. 이렇게 헐벗고 굶주렸던 대한민국에 와서 헌신하셨던 선교사님들은 병원과 간호학교를 설립하여 예수의 이름을 높이며 자신들의 삶을 희생하셨고, 그 후에도 많은 하나님의 사람들이 계속적으로 그 복음의 열정을 이어받아 지금까지도 선교의 사명을 잘 감당하고 있는 것이다.

전주 예수병원 앞에는 간호학교 건물이 세워져 있다. 크레인 박사님과 간호사(RN)였던 고(姑) Margaret Prichard(한국명 변마지) 선교사님, 두 분이 1950년대에 예수병원 간호학교를 설립하셨는데, 초대 교장이었던 변마지 교장 선생님은 처녀 선교사로서 한국에 오셔서 40년간 봉사하면서, 20년간을 간호학교 교장을 맡으셔서 은퇴하실 때까지 기독교 정신으로 사랑과 섬김의 모범을 보이신 분이다. 또한 간호교육을 철저히 하심으로써 모든 사람들로부터 존경을 받았으며, 많은 한국 간호사들을 배출하신 분이다. 예수병원 간호학교 졸업생들은 그분의 영향으로 어느 곳에 가든지 환영을 받았으며, 세계 여러 나라에 나가서 의료 선교사로서 많은 분야에서 활동하고 있다.

울창한 숲속에 자리잡은 병원과 간호학교는 산 중턱에 세워져 있었으며, 전주 다가산의 아름다운 풍경을 끼고 있어서 더욱 경치가 좋았고, 녹원 동산이라고 불려지기도 하며, 교지도 발간하면서 널리 알려져 갔다. 변 교장 선생님이 계실 때의 일이다.

1월 1일, 교장 선생님의 생신이 되면 학생들이 모두 축하해 드렸으며, 특히 회갑을 맞이했을 때는 동문들이 모두 그분의 딸이 되어서 곱게 한복과 쪽두리를 씌워드리며 축하잔치를 베풀어 드렸다. 교장 선생님은 언제나 많은 한국의 젊은 딸들을 얻은 기쁨에 관해 이야기하시며 하나님께 늘 감사한다고 말씀하셨다.

예수 간호대학의 새로 건축한 빌딩 앞에서

이렇게 전쟁으로 신음하던 가난한 한국 땅에 오셔서 한 알의 밀알이 되셨던, 지금은 고인이 되신 변마지 교장 선생님의 헌신으로 말미암아 예수 간호대학은 이제 어엿한 간호대학으로 크게 발전하였다. 나는 전주 예수 간호대학이 최첨단 시설과 기술로 간호 교육의 터전을 잘 이루게 된 것을 늘 흐뭇하고 자랑스럽게 생각하고 있다.

당시에 기숙사에서 3년이란 시간을 보내면서 잊지 못할 많은 추억들을 지금까지 간직하고 있다. 1학년에서 3학년까지 모두 한 식구들처럼 지냈었는데, 미국식 교육 방식으로 한 학년에 20명 내지 25명 정도의 정원이었다. 초창기에는 언니 제도가 있어서 일대일로 자매를 맺어주어, 학년이 높은 사람이 언니가 되어 친자매같이 서로 도우면서 멀리 집을 떠나온 외로움을 서로 달래주었다. 그리고 학년이 올라갈수록 병원에서 실습하는 시간도 많아졌다.

어느 날은 장난을 좋아하는 선배 언니에 의해 황당한 일이 벌어졌다는 이야기를 들었다. 4월 1일은 만우절(April Fools' Day)이라서 거짓말을 하거나 장난을 쳐도 나무라지 않는 풍습이 있었다.

수술실에서 일하며 실습하던 선배 언니가 크레인 원장님에게 전화를 했다.

"원장님, 지금 급한 응급환자가 들어왔는데 곧 수술해야 한다고 합니다."

원장님은 "곧바로 수술 준비를 하세요"라고 말씀하셨다. 수술실에서 기다리며 원장님이 들어오신다는 소식에 모두가 긴장을 했고, 원장님이 수술실 문을 열고 들어오시자마자 "April Fool"이라고 크게 외쳤다. 인자하신 크레인 원장님은 꾸중도 할 수 없어서 그만 어이없이 웃고 말았으니 이 얼마나 짖궂은 장난이었는지….

그 당시에는 기숙사 생활도 얼마나 엄격했는지 외출할 때는 반드시 사감 선생님의 허락을 받고 외출할 수가 있었다. 그러나 주일날만은 자유가 있었으며, 각자 교회에 나가서 예배드릴 수가 있었다. 그리고 밤 10시만 되면 기숙사 문을 잠궈 버렸다.

그런데 선배들은 가끔씩 보고 싶은 영화를 보기 위해 몰래 영화관으로 빠져 나가기도 했는데, 돌아와서 이미 문이 잠겨 버렸을 경우에는 같은 방의 친구들에게 앞서 약속해 둔 신호를 보내서, 방 친구가 살짝 문을 열어주면 맨발로 신발을 들고 살금살금 들어오다가, 사감 선생님에게 들키는 날에는 불같은 호령 소리를 듣고 넋이 나갈 정도였다고 한다. 그래서 혼줄나게 벌을 받았다는 선배 언니들의 얘기를 듣고는 재미있어 한바탕들 웃었던 일이 기억난다. 이렇게 나는 잊혀지지 않는 많은 추억을 쌓아가며 간호대학교 시절을 보내게 되었다.

6

첫 근무지

간호대학을 졸업할 때가 되었다. 졸업하고 나면 모두 일자리를 찾아서 고향으로, 또는 각각 원하는 곳으로 흩어지게 된다. 하루는 교감 선생님이 나와 다른 학생 하나를 교무실로 부르시더니 말씀하셨다.

"영동에 있는 병원에서 간호사가 필요하다고 하는데 너희들이 가지 않으련?"

나는 생각할 겨를도 없이 "예, 가겠습니다"라고 대답을 하고 교무실을 나와 버렸다.

그런데 막상 영동이 어디에 있는지, 그 병원이 어떤 병원인지를 전혀 알 수가 없었다. 그러나 선뜻 가겠다고 대답을 했으니 갈 수밖에 없었다. 그리하여 졸업을 하자마자 같이 가기로 한 동료와 함께 영동으로 출발하였다. 기차를 타고 도착해 보니 영동은 작은 시골 도시였다. 시골길을 따라 마을로 들어가니 우뚝 선 건물이 보였는데, 그리 크지 않아 아담한 작은 병원이었다. '영동 구세군 병원'이라는 간판을 보고 들어가서 안내를 받고 원장님과 이야기를 하는데, 통역관이 있어서 모든 것을 잘 설명해 주었다.

병원 원장님은 미국의 구세군 선교사님이셨는데, 의사로서 진료도 하시고 수술도 하시면서 병원 운영을 하고 계셨다. 직원은 오직 두 명뿐이었고, 미국 간호사가 한 명 더 있을 뿐이었다. 그래서 바로 그 이튿날부터 일을 시작하게 되었다. 환자가 그리 많지 않아서 진료실은 한가한 분위기였고, 매일 바쁘게 북적거리는 예수병원과는 대조적으로 할 일이 별로 많지 않았다. 그러다가도 갑자기 불의의 사고나 자동차 사고로 인해 응급환자들이 들이닥치는 때가 종종 있었는데, 이때는 환자들을 치료하기에 손이 모자랄 정도였다. 원장님이 수술실에 들어가시면 같이 들어가 수술실에서 보조 역할도 해야만 했다. 그러나 철저한 임상훈련과 실습으로 단련된 우리는 아무 거리낌없이 일을 잘 처리해 나갔기 때문에, 예수병원 간호학교 졸업생이라면 그 어느 병원에서든지 무조건 환영해 주었다.

이곳에서 근무한 지 6개월이 되었을 때였다.
서독에 간호사를 보낸다는 신문기사를 읽고 나서부터 내 마음은 다시 요동치기 시작했고, 그 생각이 영영 지워지질 않았다. 며칠을 고민하며 지내다가 결국 용기를 내었다.
'그래, 외국에 한 번 나가 보자. 서울 본사에서 시험이 있다고 하니 서울로 올라가 보지 뭐. 언니 집에서 묵으면 될 거야.'

마침 넷째 언니가 결혼해서 형부와 언니가 서울에서 직장생활을 했기 때문에, 쉽게 언니의 도움을 받을 수 있겠다는 생각이 들었다. 그래서 휴가를 내어 무조건 기차를 타고 서울에 올라가 언니집을 찾았다. 깜짝 놀란 언니에게 자초지종을 이야기하고 함께 본사를 찾아가서 원서를 접수한 뒤 시험을 치렀다.

인터뷰를 하는 중에 시험관이 서류를 보더니 내 경력이 못마땅하다는 듯한 어조로 말했다.

"겨우 6개월의 경력을 가지셨군요."

"네에, 올해 졸업을 했기 때문에요."

나는 당당하게 대답을 하고 밖으로 나왔다.

그런데 인터뷰를 마친 분들이 여기저기 모여서 수군대는 이야기가 내 귀에까지 들려왔다.

"글쎄 말이야, 경력이 많아야 한다네. 경력이 없으면 자격이 없다고 당연히 떨어지나 봐."

모두들 자신은 몇십 년 경력을 가지고 있다고 으스대는데 나이들도 많아 보였다. 그제야 나는 다시 생각했다.

'아, 맞아! 외국에 간호사를 보내려면 경험이 많아야겠지. 그래서 면접하신 분이 내 경력을 지적하신 거였구나.'

나라에서 공식적으로 외국에 간호사를 보내는 것이므로 신중하게 시험과 면접을 통해서 선별하는 과정이 필요했던 것이다. 나는 실망하고 풀이 죽어서 다시 영동으로 내려와 버렸다. 그리고는 일상생활로 돌아와 아예 잊어 버리고 있었는데, 뜻밖에도 얼마 있다가 합격 통지서와 함께 서울 본사로 오라는 편지를 받게 되어 놀라지 않을 수 없었다.

　나도 이제 외국에 나갈 수 있다는 자부심이 솟구쳐 올랐고, 무엇보다도 이 기쁜 마음을 가장 먼저 하나님께 아뢰며 감사를 드렸다. 서울 본사에 올라와 보니 모두 열 명이 합격하였다. 그리하여 우리는 함께 독일로 동행하게 되었다.

7

희망의 날개를 펴고 독일 땅을 밟다

영동에 내려와서 가장 먼저 한 일은 사표를 내는 것이었다. 그동안 일해왔던 이 영동병원은 비록 근무 기간은 너무 짧았지만 나에게는 사회 첫 진출인 만큼 잊을 수가 없는 곳이었다. 아무 불편함없이 편하게 대해 주시던 원장님과 친구 같이 마음놓고 이야기를 나누었던 사모님, 그리고 직원들 모두다 시골의 후덕한 인심을 풍기는 정겨운 사람들이었다. 그들의 서운해하는 모습을 뒤로 한 채 영동을 떠나 전주에 있는 집으로 오게 되었다. 그리고 떠나기 전까지 필요한 것들을 하나하나 준비하며 지냈는데, 특히 셋째 언니가 많이 도와줘서 큰 힘이 되었다.

1966년, 드디어 부푼 가슴을 안고 가족들의 곁을 떠나 다시 서울로 올라왔다. 그리고 언니와 형부의 전송을 받으며 김포공항으로 향했다. 모든 수속 절차를 끝내고 출발 시간이 되어 생전 처음으로 타보는 비행기 안에 앉았을 때에는 '내가 정말로 한국을 떠나는 것일까?' 마치 꿈을 꾸는 듯한 기분이었다. 창가 자리에 앉아서 조그만 유리창의 막을 올리고 밖으로 시선을 집중하였다.

마침내 비행기가 큰 소리를 내면서 높이 치솟아 하늘을 향해 날아 올랐다. 내 몸을 비행기에 맡긴 채로 유리창 아래로 지상의 작은 세계가 펼쳐지는 광경을 바라보면서, 하늘 공간에서 보는 지상 세계가 한없이 작고 작은 땅덩어리에 불과하다는 것을 새삼 느끼며 잠시 상념에 잠기게 되었다. 그러다가 현실로 돌아와 보니 내 몸이 하늘 공간에 붕 떠있다는 생각이 들면서 무섭기도 하고 한편으로는 신기하기도 하였다. 비행기가 인도양을 거쳐서 인도 공항에 잠깐 내렸는데, 숨이 콱콱 막힐 정도로 너무 더운 공기가 답답하게 느껴지면서 '와아, 이런 날씨의 나라도 있었구나. 우리 조국 땅의 날씨가 얼마나 좋은 것인가…' 하고 새삼 생각하게 되었다.

비행기가 다시 하늘을 날 때에 기내 방송이 들렸다.
"알프스 마운틴(Alps Mountain)…."
"야! 알프스 산이다!"
누군가가 외쳤다. 스위스의 알프스 산을 지나간다는 안내방송이었다. 모두의 시선이 조그만 창 밖으로 집중되었다. 산봉우리마다 덮여 있는 하얀 눈이 마치 스위스의 유명한 알프스 산을 상징하고 있는 듯 보였다. 오래전 초등학교 시절에 읽었던 한 권의 책이 생각났다. ≪알프스의 소녀≫라는 제목의 동화책을 참 좋아해서 읽고 또 읽었기 때문이었을까? 동화책 속에 나오는 알프스 산의 아름다운 풍경과 함께 여주인공인 하이디와 불구의 소녀 클라라의 아름다운 이야기를 다시 한 번 그려보며 감개무량하였다.

마침내 비행기는 목적지인 서독의 수도 본(Bonn) 공항에 도착하였고, 우리는 대기하고 있던 버스를 타고 공항을 빠져나와서 시내로 접어들었다. 본 시내를 지나는 거리거리마다 길가에 꽃들이 아름답게 피어 있었고, 너무나 깨끗하고 질서정연한 아름다운 도시의 모습이 마치 지상 천국을 연상케 했다.

한편으로는 너무나도 가난하고 못사는 우리의 조국을 생각하며 참 서글픈 마음이 들기도 하였다. 이렇듯이 불과 얼마 전까지만 해도 그렇게 가난하고 힘들게 살던 우리 조국이었는데, 지금은 전세계 그 많은 나라 중에서도 10위 경제대국의 반열에 서 있으니, 이 어찌 무한하신 하나님의 은혜와 사랑이 아니고 무엇이란 말인가!

어느덧 우리 일행을 태운 버스는 도심을 벗어나 숲속으로 접어들었고, 잘 포장된 도로로 한참을 달리더니 숲속에 어마어마하게 큰 건물들이 즐비한 곳에 이르렀다. 그곳은 본(Bonn) 대학병원으로 경치가 너무나 아름다워서 마치 한 폭의 풍경화를 보는 듯했다. 병원의 많은 건물들 중에서 아담하게 단층으로 지어진 건물 앞에 버스가 멈춰섰다. 우리가 머물게 될 기숙사 건물이었다.

우리 일행이 기숙사 안으로 들어가니 몇 명의 독일인 간호사들이 반갑게 맞아 주었다. 그중에서 매우 인자하게 보이는 간호원장님과 따로 만남을 가진 뒤에 우리는 여행으로 지친 몸을 풀게 되었다. 이렇게 해서 드디어 낯선 이국 생활이 시작되었다. 모든 것이 낯설고 새롭게 느껴지는 가운데, 처음부터 다시 시작하는 마음으로 새 생활을 잘 감당하기로 다짐하였다.

본(Bonn) 대학 병원 앞에서

동료들과 첫 휴가지인 해변가 바다로 나가는 중

8

기숙사 생활

우리 일행의 숙소는 두 건물로 나뉘었는데, 독일 간호사들과 같이 쓰는 기숙사에 각각 방 하나씩 배정받아 짐을 풀었다. 처음 일주일은 일을 하지 않았고, 기숙사에 있는 식당에 모여 빵과 치즈로 식사를 했다. 모두들 밥과 김치를 무척 그리워했는데, 그래도 나는 양식을 잘 먹는 편이라서 다행이라고 생각되었다.

일주일이 지난 후 각자 근무할 곳이 정해졌고, 우리는 일을 시작하였다. 독일어를 공부하는 시간이 따로 주어졌는데, 일을 시작하기 전에 매일 아침 병원 안의 강의실에 모여서 1시간 동안 독일어를 배우는 특별 대우도 받았다.

독일 간호사들이 우리를 시기할 정도로 RN 대우도 잘 받아서 주급도 월등히 많았고, 한 주 한 주 주급을 받는 기쁨도 컸다. 또한 일 년에 한 달은 휴가를 받게 되어 여가를 즐기도록 많은 배려를 해주었다.

이렇게 매일매일의 생활에 익숙해지면서 쉬는 날(일요일)에는 한 방에 모여서 같이 밥도 해먹고, 김치를 대신해서 상추를 사다가 간장에 찍어 먹으며 이야기꽃을 피우곤 했다. 처음에는 독일말을 알아듣지 못해서 벌어지는 웃지 못할 일들도 많았지만, 우리는 서로를 격려하면서 고국에 대한 향수를 달래곤 하였다.

독일 사람들은 우리와 언어 소통이 되지 않아 매우 불편했음에도 불구하고, 모두가 우호적으로 대해줘서 그저 고마울 따름이었다. 얼마간을 지나게 되자 쇼핑을 다니는 여유도 생겨서 우리는 주식으로 먹을 쌀과 상추를 사러 근처에 있는 식품점에 가곤 하였다.

어느 날은 상점에 가보니 모든 상점들이 문을 닫아서 그냥 돌아온 적도 있었다. 일요일은 모든 상점이 문을 닫는다는 것을 몰랐기 때문이었다. 당시의 서독 사람들은 매우 정직해서 신사적으로 느껴졌고, 간호사들도 어찌나 부지런한지 배울 점이 많은 민족임을 알게 되었다.

이렇게 이들의 문화와 생활에 젖어들어 가고 있을 무렵, 내 마음속에 교회에 가서 하나님께 예배드리고 싶다는 마음이 생겨났다. 그래서 나는 밖으로 나와 근처에 교회가 있는지 찾아 헤맨 끝에 30분 정도 걷는 거리에 교회 건물을 발견하고는 기뻐하며 돌아왔다.

이후로 주일이 되면 그 교회에 참석하여 독일 사람들 틈에 끼어서 예배를 드리게 되었다. 이렇게 혼자 교회에 가서 예배드리고 오는 것이 즐거움이 되어 가고 있을 무렵, 그제서야 성경책이 생각나면서 독일에 가지고 오지 않은 것이 후회스러웠다. 서울에 있는 언니에게 편지를 써서 부탁을 했더니 언니가 바로 성경책을 보내주었다. 도착한 소포는 겉이 다 헤어져서 종이가 너덜너덜 떨어진 상태였는데, 뜯어보니 성경책과 함께 예쁜 한복을 입은 인형이 아무 손상도 없이 동그마니 들어 있었다. 그후로는 틈틈이 성경 말씀을 읽으며 외로움도 잊은 채 나만의 시간을 갖게 되었다.

나와 함께 독일에 온 분들은 경력도 많았고, 나이가 대선배급 되시는 분들도 있었다. 주급도 경력대로 주기 때문에 나와는 비교할 수 없이 많은 주급을 받는 분들이었다. 나는 갓 졸업한 햇병아리였지만, 때때로 그분들과 같이 어울려 지내면서 그분들을 친언니처럼 대하며 서로가 서로에게 큰 힘과 위로를 주고받았다.

어느 날은 친하게 잘 지내던 언니의 방에 놀러 갔었다. 결혼해서 자녀도 있는 그분은 한국에서부터 교회생활도 잘하셨고 믿음으로 살려고 늘 노력하셨다. 그래서 그런지 이야기가 잘 통해서 언니라고 부르며 지내고 있었는데, 다른 건물 기숙사에 묵고 있었지만 가끔씩 찾아가곤 했다. 이런저런 이야기를 나누던 중에 교회 이야기를 하게 되었는데 그 언니가 불쑥 고민을 털어 놓았다.
"나 말인데, 실은 하나님께 잘못하는 일이 있어."

"언니, 그게 무슨 일인데요?"

나는 궁금해서 물어보았다.

그 언니는 선뜻 말을 못하다가 말을 꺼냈다.

"글쎄 말이야, 십일조를 모아두고 있는데 급하게 쓸 곳이 생기면 털어서 그냥 쓰곤 한단 말이야."

"그래요? 그래도 언니는 참 대단하네요."

나는 생각하지도 못했던 십일조를 모아 두었다는 언니를 칭찬해 주었고, 그렇게 할 수 있는 믿음이 부럽기까지 하였다. 그리고는 숙소로 돌아왔는데, 그날 이후로부터 그 언니가 했던 말이 자꾸만 생각나면서 머릿속에서 사라지지 않고 맴돌았다.

'과연 나는 십일조를 할 수 있을까?'

그동안 하나님 말씀대로 살지 않았던 자신의 모습을 발견하게 되면서 그때 결심을 하게 되었다.

'그래! 나도 십일조를 떼어 놓아야겠어. 그래서 가난한 우리 한국 교회에 보내는 거야!'

이런 결심이 흔들리지 않기를 바라는 마음으로 나는 바로 은행으로 가서 통장 하나를 만들어 버렸다. 그리고 기숙사에 돌아와서는 행여나 이 돈을 쓸까 싶어서 통장 표지에 "하나님 돈"이라고 크게 써 놓았다. 이렇게 성령님은 그 언니를 통하여 역사하셨고, 연약하고 부족한 나에게 감동을 주셔서 주급을 받을 때마다 은행에 통장을 가지고 가서 십일조를 떼어서 집어넣게 하셨고, 그 나머지를 부모님께 보내드리게 되었다.

　하루는 방에 있을 때였다. '따르릉' 하고 방의 전화벨이 울렸다. 수화기를 받아드니 한국에 있는 오빠의 목소리였다.

　'갑자기 웬일일까? 혹시 무슨 안 좋은 일이라도 생긴 것일까?' 나는 몹시 궁금하여 다급하게 물었다.

　"아니, 오빠! 무슨 일이라도 생겼어?"

　한 번도 내게 전화를 한 적이 없었고 말도 잘하지 않던 오빠가 차분한 목소리로 말하기 시작했다.

　"아니, 아니다. 별일이 있는 게 아니라, 새로 사업을 하려고 하는데 네 도움이 필요해서 말이야. 돈이 좀 있어야겠는데 네가 좀 보내줄 수는 없나 해서 말이지…."

　나는 사실 오빠의 사정을 잘 알고 있었기 때문에 매우 안타까웠고 어떻게 할까 잠시 고민을 하다가 이렇게 말했다.

　"오빠! 부모님께 돈을 다 보내드리고 있어서 지금 나한테는 큰돈이 없는데요."

　그렇게 거절을 했지만 영 마음이 개운치를 않았고, 괜히 오빠에게 미안하기까지 하였다. 그렇지 않아도 가정을 위해 늘 열심히 사는 오빠인지라 도와주고 싶은 마음이 간절했지만 십일조를 빼고는 저축한 돈도 없었던 나였다.

　어느 날, 주급을 받고서 동료들과 같이 은행에 가게 되었다. 나는 열심히 한국에 송금할 액수를 용지에 쓰고 다른 용지에는 통장에 들어갈 액수를 쓰고 있었는데, 옆에 있던 동료가 통장에 적혀 있는 것을 보았나 보다.

"아니, 얘! 통장에 '하나님 돈'이라고 써 있는데 그게 뭐야? 무슨 하나님 돈이 있다는 거니?"

그는 동료들 사이에 좀 말이 많은 편이었다. 이내 다른 동료들한테도 전달하며 수다를 떨면서 이상한 눈초리로 나를 쳐다보았다.

"그게 말이야, 나에게는 뭐, 그런 게 있어."

나는 마치 커다란 비밀이라도 들킨 사람처럼 무척 당황스러웠고 더 이상은 아무 말도 하지 못한 채 그냥 웃고 말았다.

이렇게 오빠의 간절한 요구를 거절할 만한 담대함이 생겼고, 또한 하나님을 믿지 않는 동료에게서 조롱하는 말도 들었지만, 나의 굳은 결심은 흔들리지 않았고, 어떠한 것도 내 마음의 결정을 바꾸지는 못했다. 내게 주신 모든 것이 오직 하나님이 주신 은혜의 선물이었고, 십일조를 드리는 것은 당연히 내가 해야 할 일이라고 여겨졌다.

이렇게 통장은 조금씩 채워져 갔고, 주급을 받게 되면 어김없이 십분의 일을 떼어서 통장에 넣었다. 그리하여 한국에 돌아갈 때까지 3년 동안을 계속하면서 그 통장을 고이 간직하게 되었다.

9

병원 근무지에서 생긴 일

본(Bonn) 대학병원은 너무나 커서 어디에 무엇이 있는지 다 알지도 못했고, 우리는 다만 우리에게 배정된 병동에서 우리가 일하는 곳만 알 뿐이었다. 처음 일할 때는 독일어를 잘 알아듣지 못해서 시키는 일만 했으며, 간호 보조원들이 하는 일만 하게 되었다. 어떤 때는 몹시 화가 나는 일도 있었지만 불평하지 않았고, 말 못하는 처지라서 그저 늘 참고 견디어야만 했다.

내가 처음으로 일했던 곳은 내과병동이었는데, 몇 달 지난 후에는 부서를 옮기고 싶어서 가게 된 곳이 피부과 병동이었다. 이렇게 우리가 원하는 곳에 가서 자유롭게 일할 수 있도록 편리를 베풀어주신 간호과장에게 늘 고마움을 느꼈다.

피부과 병동에는 증세가 심한 환자들이 없었고, 거의 다 가벼운 환자들이라서 처방한 약을 주는 정도였고, 점심 후에 간식을 잘 차려서 나누어 주는 일을 했다.

병동마다 주방시설이 잘 갖춰져 있어서 병원 식당에서 식단을 짜서 보내주면, 수간호사가 지시하는 대로 간식을 만들어서 배급해 주었다. 피부과 병동 담당 수간호사는 나이가 많았고 부지런했으며 나에게 따뜻하고 친절하게 대해 주었는데, 그 밑에서 일하는 간호사는 성질이 너무나 괴팍하고 못되서, 나는 그곳에 오래 있지를 못하고 피부과 진료실로 옮기고 말았다.

그곳에서는 의사 선생님이 환자들을 진료할 때 도와주는 정도의 일을 하게 되었는데, 그전보다는 마음이 많이 평안하였다.

피부과 진료실에는 전문 의사만 일하고 있었으며, 간호사도 나 혼자여서 아무런 불편함 없이 즐겁게 일할 수가 있었다. 진료실에 찾아오는 사람들은 모두 외부에서 왔기 때문에 낯선 나를 흘끔흘끔 쳐다보곤 하였다. 그들로서는 아무래도 처음 보는 동양인이었을 것이고, 더군다나 들어보지도 못한 아주 먼 나라 한국에서 왔기 때문에 신기하게 보였을 것이다. 그러나 나는 그들의 시선에 별로 신경을 쓰지 않았다.

생각해 보면 우리 나라도 그런 때가 있었다.

6.25 동란이 끝난 후에 많은 외국 선교사님들이 한국에 들어왔을 때를 기억해 보면, 그분들이 시골 마을에 들어와 길거리를 지나갈 때면 언어가 다르고 생김새가 달라서, 우리 눈에는 그들이 마치

어느 다른 별에서 내려온 우주인 같아 보였고, 그저 신기하기만 해서 자꾸 쳐다보곤 했던 것이다. 마을 꼬마들이 신기해 하며 온통 그 뒤를 졸졸 따라다니던 모습이 아직도 기억에 생생하기만 하다.

진료실에서 찾아오는 외부 사람들을 대하며 일하고 있을 때였다. 진료실에는 많은 사람들이 오고 갔고, 늘 대기실에서 기다리는 사람들도 있었다. 하루는 나이가 많아 보이는 어느 신사분이 진료가 끝나고 나가는 길에 가까이 오더니만 잠깐 이야기할 수 있느냐고 물어보는 것이었다. 그리고는 자기 집에 초청하고 싶은데 올 수 있겠느냐고 묻는 말에 나는 잠시 망설이다가 가겠노라고 대답했다.

그런데 막상 약속을 했지만 독일인 집에 혼자 갈 자신이 없어서, 이 일을 어떻게 하면 좋을지 곰곰이 생각하다가 아이디어가 떠올랐다.

'아, 그렇지! 친한 그 언니와 같이 가면 되겠네.'

독일 사람들의 집을 방문해 보는 것도 좋은 경험이 될 거라고 생각하니 마음이 한결 가벼워졌다. 그리고 퇴근하자마자 친한 언니네 숙소로 달려갔다. 방문을 노크하니 마침 인기척이 들리며 방문이 열렸다. 나는 자리에 앉기도 전에 흥분하여 이야기를 꺼냈다.

"언니! 좋은 일이 있어. 우리 말이야, 독일 사람 집에 구경 가면 어떨까?"

"아니, 애, 그게 무슨 말이야?"

"아, 글쎄 말이야, 우리 진료실에 오신 어느 나이 많으신 신사분이 자기 집에 나를 초청해 주셨어. 언니, 같이 갈거지?"

　행여나 가지 않겠다고 말할까 싶어서 무조건 같이 가자고 강력하게 밀어부치며 자초지종을 이야기했고, 함께 가겠다는 약속도 받아냈다.

　드디어 그 독일 신사분과 약속한 날짜에 우리를 데리러 온 차를 타고 그분 집을 방문하게 되었다. 아담한 집이었는데, 박사님이신 그분은 여러 나라의 말을 다 구사하셨고, 한국에 대해서도 아는 것이 많으셔서 여러 이야기를 나누게 되었다. 그날 우리는 융숭히 대접을 잘 받고 숙소로 돌아왔다.

　시간이 많이 흐른 뒤에, 나는 조용히 일하기를 원해서 밤일을 해야겠다고 생각하고 있었는데, 정신병동이 좋겠다는 동료들의 말에 용기를 내어 간호원장님을 찾아갔다. 정신과는 다른 과에 속하기 때문에 간호원장님에게 부탁을 해야만 옮길 수가 있었다. 그분을 만나려면 버스를 타고 본 시내까지 가야만 했다.

　늘 정갈히 수녀 복장을 입고 있는 그분은 언제나 인자함이 넘쳤으며, 우리의 불평불만을 다 받아 주셨고, 항상 미소를 띠며 반갑게 맞아 주셨다. 그분을 볼 때마다 이런 분이 세상 그 어디에 또 있을까 싶었고, 멀리 이국 땅에서 온 우리에게는 마치 천사와도 같은 분이라는 생각이 들었다.

　이렇게 우리의 문제들을 누군가에게 마음 놓고 이야기할 수 있다는 것이 얼마나 큰 위로가 되었는지 모른다. 그분께는 진정 고마울 뿐이었다. 정신병동으로 옮기는 것도 그분께 흔쾌히 승락을 받고서 병동을 옮겨 밤일을 시작하게 되었다.

Bonn 대학병원. 근무하는 간호사실에서

정신병동은 할 일이 많지 않았고, 더구나 모두가 잠든 시간이라서 밤새도록 병동을 지키는 일만 했다. 대부분 환자들은 가벼운 증상들로 정상적인 편이라서 아무런 불편함이 없었고, 병동은 늘 조용했다. 한두 명씩 의식이 없이 누워 있는 환자가 있었는데, 아르바이트하는 의대생들이 그들을 간호하며 지키고 있었기 때문에, 병원에서 준비해 놓은 밤참도 일하는 분들과 같이 부엌에서 다시 만들어 먹으면서 즐겁게 일할 수가 있었다. 그곳에서 일하는 것이 결코 지루하거나 피곤하지를 않았다. 나는 맡은 임무를 충실히 하면서 같은 병동 사람들, 간호사들과도 서로 친하게 지냈다.

서독일에는 매년 2월달에 카니발 행사를 크게 벌이고 있어서 모든 사람들이 이날을 즐겁게 지내는데, 언젠가 병동의 책임간호사가 직접 자기 집에 초대해 주어서 즐겁게 방문한 적도 있었다. 카니발 때에는 모두가 행사를 구경하러 가고 싶어했는데, 한해에는 모처럼 동료들과 같이 버스를 타고 시내 중심가까지 가서 참여해 보았다. 행사가 열리고 있는 거리에는 여러 모양의 커다란 물체들, 여러 가지로 분장한 행렬들, 연주하며 퍼레이드를 펼치는 무리들이 줄지어 지나가고 있었다. 우리도 붐비고 있는 인파에 섞여 들어가 한국에서는 보지 못했던 떠들썩한 큰 행사를 흥겨운 마음으로 지켜보았다.

본 시내 중심가를 구경하면서 베토벤의 생가와 동상이 있는 곳도 방문하였다. 우뚝 서 있는 높은 동상은 묵묵히 광장을 지키고 있었고, 그 광장을 찾는 사람들의 마음을 감동케 하였다. 그 옛날, 오선지에 악보를 그리며 작곡에 몰두했을 음악 거장의 모습을 떠올려보면서, 우리는 즐거운 마음으로 그 광장을 빠져나와 숙소로 향하는 버스를 타고 돌아왔던 적이 있었다.

카니발 행사 행렬

베토벤 동상 앞에서

휴일이 가까이 다가오고 있던 어느 날, 같이 일하고 있는 사람들
끼리 구경가자고 서로 이야기를 하고 있었다. 모두가 내게 친절하였
고 관심을 가지고 편하게 대해 주었기 때문에 외롭지 않게 지낼 수
있었다. 그중에서 제일 나이 많은 담당자가 나에게 물었다.

"경(Kyung), 너도 같이 갈 거지? 라인 강에서 배를 타고 구경가기
로 했어."

내 이름은 발음하기가 어려워서 그들은 나를 그냥 '경'이라고만
불렀다. 나는 쾌히 승락하며 같이 가기로 약속을 했다. 그리고 약
속했던 그날이 돌아오자 같이 따라나섰다. 라인 강가로 나온 우리
일행은 유람선에 올라타 자리를 잡고 앉았고, 곧이어 유람선이 움
직이기 시작하면서 라인 강물 위를 유유히 미끄러져 갔다.

우리는 모두 배 안에서 한창 이야기꽃을 피웠는데, 그날따라 날

같이 일하는 독일 사람들과 함께

라인 강 강변에서

씨가 좋아서인지 모두가 신바람이 났다. 얼마쯤 가다가 안내원의
설명이 나오자 모두 시선을 옮겼다. '어머나! 인어 아가씨야!' 혼자
서 중얼거리면서 바라보니 자세히 보이지는 않았지만, 먼 거리에 인
어 아가씨가 홀로 바위 위에 걸터앉아 있는 모습이 보였다.

오랜 세월을 비바람에 씻겨서 그 형상은 별로 뚜렷하지 않았지
만, 실제로 이곳 강가에 있다는 것만으로도 나에게는 의미있게 다
가오면서 전설에 나오는 '로렐라이 언덕'의 노래가 저절로 떠올랐다.
유람선을 타며 라인 강을 바라보노라니, '라인 강의 기적'이라는 말
처럼 독일이 라인 강으로 인해 문명국 대열에 서게 되었다는 사실
을 새삼 떠올리며 라인 강 물줄기를 따라가는 유람선 속에서 동료
들과 즐겁게 하루를 보내고 돌아왔다.

유럽 여행을 가다

서독에서 근무하는 동안, 우리는 매년 마다 한 달씩 휴가를 받았었다. 첫해는 간호원장님이 우리가 휴가를 잘 보낼 수 있도록 알선해 주셔서 모두 같이 휴가를 가게 되었다. 기차를 타고 멀리까지 간 곳은 바다 물결이 출렁이며 기분좋게 시원한 바람이 불어오는 어느 바닷가였다.

미리 해변 가까운 곳에다 숙소를 마련해 주어서, 우리는 한 달 동안이나 그곳에 머물면서 휴가를 즐기게 되었다. 음식은 숙소에서 마련해 주는 대로 먹었는데, 날마다 하는 일도 없이 낮에 바닷가에 나가서 놀기만 하니까 어느 때는 정말 지루하기까지 하였다.

그런데 얼마를 지나서 또 다른 일행이 같은 곳에서 함께 머물게 되었는데, 같은 숙소다 보니 자주 같이 식당에서 식사를 하며 이야기를 나누게 되었다. 하루는 서로 음식 이야기를 하다가 우리 한식에 대해 설명하게 되었고, 날을 잡아 우리가 한식을 만들어 주기로 약속하게 되었다.

　우리 일행은 잡채를 하기로 결정하고서 부근 상점으로 재료를 사러 나갔는데, 도무지 주요 재료인 당면을 구하기가 어려웠다. 그 많은 상점들을 다 찾아다닐 수가 없어서 그만 포기할까도 싶었지만, 그래도 약속을 지키기 위해 다른 도시까지 찾아가서 겨우 재료를 구할 수가 있었다. 동양음식이 너무도 귀한 때였음을 실감할 수 있었다. 우리는 어렵사리 구한 당면으로 잡채를 만들어서 귀한 한국 전통 음식의 맛을 선보일 수 있었다.

　첫해 휴가를 그렇게 보내고 돌아온 후에 다음 해 휴가를 어떻게 보내야 할지 미리 생각하게 되었다. 그런데 마침 여행사에서 여행 코스를 소개하며 홍보하는 것을 듣고서 마음이 끌렸다. 좀더 자세하게 알아본 뒤에 여행하기 좋은 계절에 프랑스, 네덜란드, 벨기에, 룩셈부르크 등 네 나라의 여행 코스를 다녀오기로 마음먹었다. 유럽에서는 관광버스만 타면 어디든지 국경을 넘어 한꺼번에 여러 나라들을 여행할 수 있는 기회가 많이 있어서 매우 편리했다.

　이듬해, 휴가를 얻은 다음에 동료 친구 몇 사람과 함께 유럽 여행길에 나섰다. 관광버스를 타고 첫 번째 방문한 곳은 프랑스 파리였다. 파리 중심부에 웅장하게 서 있는 개선문을 지나면서 나폴레옹을 떠올리지 않을 수가 없었다. 세계 역사의 한 페이지를 장식한 그 유명한 영웅, 나폴레옹이 전쟁에서 승리하고 돌아와 그를 기념하여 세웠다는 개선문은 오고 가는 수많은 사람들의 시선을 멈추게 하며 묵묵히 그 자리를 지키고 있었다.

우리는 콩코드 광장에 내려서 기념사진을 찍었다. 그리고 관광버스는 에펠탑을 향해 달려갔다. 그곳에 잠깐 머무르긴 했지만 높은 탑 꼭대기까지는 올라갈 시간이 없어서 잠시 구경만 하고 바로 다음 코스로 달려가야 했기에, 너무나 아쉽기도 하고 바쁜 일정을 보내야 했다.

어느새 관광 버스는 그 유명한 몽블랑으로 향했고, 그곳에서 우리는 모두 차에서 내려 산등성이로 올라가 한참 동안을 구경하게 되었다. 골목골목 길거리마다 화가들의 미술 작품들이 즐비하게 전시되어 있었고, 또한 화가들이 직접 초상화를 그려주는 모습들도 눈에 띄었다.

그곳을 떠나 관광버스를 타고 얼마쯤 가다가 멈춘 곳은 베르사이유 궁전 앞이었다. 안내원의 설명을 들으면서 온통 건물안 천장과 벽과 유리창마다 각종 예술작품으로 장식하며 화려하게 그려놓은 아름다운 궁전을 돌아보았다.

미켈란젤로가 그린 웅대한 작품을 감상하면서 나도 모르게 감탄사가 저절로 나왔다. 작품 하나하나가 분명히 신의 감동을 받아 그렸을 것 같은 생각이 들 정도로 위대한 작품으로 느껴졌다. 가는 곳곳마다 예술적인 감각과 진한 향기를 뿜어내고 있는 궁전 건물은, 그 옛날에 화려했던 프랑스 왕정 시대를 그대로 나타내고 있어서 과연 자랑할 만하였다. 궁전 밖 정원에도 각종 아름다운 꽃들로 장식을 해서 화려하면서도 너무나 아름다웠다.

우리가 다음으로 방문한 곳은 전 세계적으로 너무나도 유명한 루브르 박물관이었다. 모든 것을 감상하려면 많은 시간을 이곳에서만 보내야 했기 때문에, 대충 유명한 화가들의 그림만 찾아보면서 안내원을 따라 급히 이동해야 했기 때문에 너무 아쉬움이 컸다. 안내원의 안내가 없다면 박물관 안에서 그저 헤매게 된다고 하니 얼마나 큰 규모인지 알 수 있었다.

그렇게 안내원을 따라서 마주 대한 첫 작품이 그 유명한 '모나리자 상'이었다. 많은 사람들이 서서 감상하고 있는 모습이 보였고, 우리 일행도 그 앞에 서서 원본 작품을 보고 있자니 감개무량하였다. 모나리자의 미소짓는 듯한 그 얼굴은 부드러운 인상과 함께 평화로움을 나타내고 있었고, 진품만의 가치를 충분히 느낄 수가 있었다. 그리고 '밀레의 종', '남성 조각상' 등 특별한 유명 작품들만 찾아다니면서 감상을 했다.

우리 일행은 다시 버스를 타고 가까운 거리에 있는 '렘브란트' 미술전시관으로 향했다. 이렇게 일정에 매여 정신없이 분주하게 돌아다녔지만 예술의 도시, 파리 전체를 관람하기에는 너무나 시간이 부족하여 그저 아쉬울 따름이었다.

다음날에는 나폴레옹의 관이 안치되어 있는 곳을 방문했다. 큰 홀 안에는 엄숙한 분위기로 중앙에 그의 관이 놓여 있었고, 가장자리를 돌아가면서 생전에 나폴레옹이 쓰던 물건들을 장식해 놓았다. 조용히 앞사람을 따라가며 구경하면서 천하를 호령하였던 영웅

나폴레옹의 모습을 그려 보았다.

　그곳을 나온 뒤 바로 가까운 곳에 있던 조세핀(나폴레옹의 처)이 살았다던 그녀의 생가로 발걸음을 옮겼다. 옛날 그 시대에 사용했던 침대와 가구들이 그대로 고스란히 놓여 있었는데, 방마다 전시되어 있는 그 당시에 쓰던 물건들을 보면서 그때의 시대상을 보는 듯하여 매우 흥미로웠다.

　그리고 우리는 네덜란드로 향했다. 네덜란드는 해면이 육지보다 더 높은 지대가 있어서 그림으로만 보았던 풍차들을 눈으로 직접 볼 수 있었다. 마침 5월 중순이어서 네덜란드의 그 유명한 튤립공원에도 입장할 수 있었다. 공원 전체가 각양각색의 튤립꽃으로 만발하였고, 너무나 아름다운 지상천국을 연상케 하는 광경에 모든 관광객들의 입에서는 그저 연속적으로 감탄사가 터져나왔다.

　우리들의 아쉬움을 뒤로 한 채 관광버스는 수도인 암스테르담을 향하여 달려갔다. 강가로 온 관광객들은 모두 버스에서 내려서 유람선을 타게 되었는데, 강이 중심부를 흐르는 암스테르담 도시를 물 위에서 바라보는 광경은 가히 장관이었다. 강가에 즐비하게 세워져 있는 빌딩들을 바라보면서 유람선은 신나게 강물 위를 달려가고 있었다. 그리고 유람선에서 내려 찾아간 곳은 '노틀담의 꼽추'라는 소설 속에 등장하는 탑이었다.

　안내원의 설명을 듣고서 모두들 감격의 눈으로 높이 솟아 있는 그 탑을 바라보았다. 그리고 그 다음날은 벨기에와 룩셈부르크를

벨기에의 원자력 상징 건물

암스테르담에서

차례로 돌면서 관광하였다. 벨기에에서는 원자력의 상징으로 건축한 건물을 보게 되었는데, 둥근 원형으로 엮어져서 올라가는 모양으로 특이하게 설계하여 세운 거대한 창작품이었다. 그리고 돌아오는 길에 아기가 서서 물줄기를 계속 뿜어내는 조각상을 감상하고서 그곳을 떠나왔다.

짧은 일정으로는 도저히 모든 것을 관람하기에 시간이 충분하지 않아서 그저 겉모습만 보며 지나친 곳이 너무 많았던 아쉽기만 했던 여행이었다. 그렇게 일정에 쫓겨 바쁘게 안내원을 쫓아 다니며 관광했던 유럽 여행을 마친 우리는 다시 본(Bonn) 대학병원 기숙사로 돌아오게 되었다.

여러 곳을 다니며 많은 것을 보고 느꼈지만, 이 세상 것들은 모두 다 지나가게 된다는 것이다. 역사는 끊임없이 흘러가고 위대한 업적들을 남긴 사람들, 세상을 떠들썩하게 했던 사람들, 또는 세상의 모든 부귀영화를 누렸던 사람들, 이 모든 것들이 흔적만을 남기고 그냥 지나쳐 사라질 뿐이다.

그러나 우리 눈으로는 보이지 않는 영원한 세계가 있으니, 하나님의 사랑만이 영원히 존재한다는 것, 지금 이 순간에도 만물의 주관자 되시는 그분께서 역사를 이끌어 가고 계시다는 것을 마음속 깊이 느낄 수가 있다.

11

그리운 고국에 돌아오다

　　어느덧 독일에 온 지도 3년이라는 시간
이 흘렀다. 고국에 있는 부모님과 형제들이 그리웠지만, 워낙에 바
쁜 생활에 젖어서 고향을 많이 생각할 겨를도 없이 그렇게 세월이
지나갔다. 독일에 올 때 3년을 계약하고 왔기 때문에 계약이 끝난
셈이었다. 그래서 이제부터는 자유롭게 선택할 기회가 주어졌는데,
이곳에 계속 머물 수도 있고, 또는 어디든지 갈 수도 있게 되었다.
　나는 독일에 더 머물고 싶은 생각도 있었지만, 고국이 그리워 부
모 형제가 있는 곳으로 돌아가고 싶은 마음이 더 간절하였다. 그래
서 한국으로 가겠다고 결정하고서 간호과장님께 뜻을 전달했고, 모
든 것을 정리하고 귀국 준비를 한 뒤 서독일을 떠나왔다.

　그렇게 한국으로 돌아와 부모님 곁에 머물면서 얼마간 쉬다가 다
시 일을 해야겠다는 생각으로 예수병원 간호과장실을 찾아가게 되

었다. 간호학교 대선배님이기도 한 과장님은 나를 반갑게 맞이해 주었고, 서독일에 대해 이런저런 이야기를 하고 나서 그곳에서 일하기 원한다고 말하니, 그 자리에서 곧 근무할 곳을 배정해 주며 격려해 주었다.

그 당시에는 독일에 갔었던 사람이 선후배 중에 아무도 없었을 정도로 간호사 독일 파견이 초창기 시절이었는데, 내가 다녀온 후로부터 한두 사람씩 간다는 소식을 들었다. 사실 나도 예수병원에 있었다면 독일에 가지 않았을지도 모른다.

내 스스로는 독일에 갈 용기가 없었고 꿈도 꾸지 못했을 텐데, 이 모든 일은 합력하여 선을 이루어 주시는 하나님의 은혜였음을 깨달을 수 있었다. 간호과장님의 배려로 그 다음날부터 병원 일을 시작하게 되었고, 내과병동에서 근무하다가 얼마 후에는 신생아실로 옮겨서 일하게 되었다.

주일이 되어서 예배드리기 위해 전부터 다녔던 교회로 찾아갔다. 먼저 담임 목사님을 만나뵙고 십일조 헌금을 전해 드리려고 했기 때문에 기대하는 마음으로 예배를 드리는데, 웬일인지 담임 목사님은 보이지 않고 잘 알지 못하는 다른 목사님이 예배를 인도하시는 것이었다. 혹시나 싶어서 예배가 끝난 뒤에 한 성도에게 물어보니 담임 목사님은 일본에 잠시 출타 중이시고 곧 돌아오신다는 소식이었다.

이 교회는 간호학교 때부터 다녔지만 성도님들은 잘 알지를 못했다. 중학교 때부터 이 목사님이 시무하시는 교회에 출석하며 설교 말씀을 통해 은혜를 받아 왔었는데, 마침 내가 다녔던 중학교에 부교감과 교목으로 부임하시게 되면서, 그 당시 우리 가정 형편이 어려웠기 때문에 나를 기독교 장학생으로 추천해 주셔서 귀한 도움을 받은 적이 있었다. 그분을 통해 하나님의 역사하심을 경험했던 터라서 나는 늘 감사하게 생각하고 있었다.

집으로 돌아오면서 생각했다.

'목사님께서 언제 돌아오실지 모르는 이 상황에서 어떻게 하는 것이 좋을까?'

그때 머릿속에 떠오르는 생각이 있었다.

'그래, 셋째 언니와 상의해야겠다.'

그래서 조용한 시간에 당시에 교사로 근무하고 있던 언니를 불러 집으로 오게 하였다. 그리고 이야기를 꺼냈다.

"언니! 내가 독일에 있는 동안에 십일조 헌금을 모아 두었는데, 지금 교회 목사님이 출타중이셔서 만나 뵙지를 못했거든. 어떻게 하면 좋을까?"

나는 자초지종을 말하며 언니와 의논했다. 듣고 있던 언니가 제안을 했다.

"큰 돈이기 때문에 은행에 넣어 두는 것이 좋겠어."

"그러면 언니가 은행에 좀 넣어줘."

언니는 은행거래 경험이 많았고, 또한 형부가 농협은행에 근무하고 있었기 때문에 나로서는 언니한테 맡기는 것이 가장 든든했다.

"그 대신에 가족들이나 부모님에게 비밀로 해주고 언니만 알고 있는 거야, 약속할 수 있지?"

나는 언니에게 약속을 받은 뒤 모든 것을 맡겼으며, 언니도 비밀을 잘 지켜 주었다. 몇 주가 지난 후에 목사님께서 돌아오신다는 소식을 듣게 되어 기쁜 마음으로 주일날 교회로 향했다.

예배 드리고 나오는 교인들이 입구에서 목사님과 인사를 나누고 있었다. 나도 다가가서 인사를 드리자 목사님은 깜짝 놀라시며 매우 반가워하셨다. 목사님께 말씀을 드렸다.

"목사님! 청이 하나 있는데, 저희 집을 좀 방문해 주실 수 있으세요? 말씀드릴 것이 있어서."

목사님은 곧 승락하시고 약속 날짜를 잡아 주셨다.

나는 집에 돌아와 언니에게 전화를 걸었다.

"언니! 오늘 목사님을 뵙고 말씀드렸는데, 우리 집에 오시기로 하셨어. 그러니까 언니가 그 전에 돈을 좀 찾아줘야 해."

그러고 나서 나는 목사님을 맞이할 준비를 하였고, 목사님은 약속한 날짜에 우리 집을 방문해 주셨다. 나는 목사님께 말씀드렸다.

"목사님, 제가 독일에서 근무하면서 3년간 모은 십일조 헌금인데요, 하나님께 바치고 싶습니다."

그리고는 그 돈을 목사님 앞에 내어 놓았다.

"그런데 목사님, 헌금자는 무명으로 해주시면 좋겠어요."

이렇게 해서 독일에서 모아 두었던 십일조 헌금을 하나님께 드리게 되었다. 무명으로 헌금했기 때문에 교회 성도님들은 아무도 알지 못했는데, 그후에 결혼하고 3년째 되던 해에 우리 가정이 미국으로 이민을 가게 되어 목사님께 알려 드렸더니, 어느 주일날 예배가 끝나고 광고 시간에 우리 가정을 앞으로 나오게 하셨다. 그리고 많은 교인들 앞에서 지난 십일조 헌금에 관해 모든 것을 말씀해 버리시고는 이민을 가게 되었다고 인사를 시키시는 것이었다. 나중에 알게 되었지만, 그때 그 십일조 헌금은 교회 교육관을 건축할 때 쓰였다고 한다.

독일에서 돌아온 후 다시 간호사로 취직하여 일상생활로 돌아온 나는 매일매일 걸어서 병원에 출근했다. 집에서 그리 멀지 않은 거리이기도 했지만, 그동안에 떨어져 살았던 부모님과 같이 있고 싶었기 때문이었다. 주위 사람들이 다들 결혼해야 한다고 말하고 있었고, 언니들도 걱정하며 나의 결혼을 서두르고 있었다.

하지만 정작 나에게 결혼은 관심 밖의 일이었기에 그저 태평하였다. 더구나 막내딸로서 모든 것을 언니들에게만 의지하며 살아왔던 내 성격 탓도 있었던 것 같다. 결국 언니들의 성화로 남편(박종현 장로)을 중매로 만났는데, 참 신기하게도 이미 같은 교회에 출석하고 있었음을 알고 한편 놀라웠다.

우리네 인생사에 결코 우연이란 있을 수 없다. 하나님의 계획 속에서 이 모든 일들이 진행되어 왔다는 것을 느끼면서, 우리는 만난

지 한 달 만에 전격적으로 결혼식을 치르게 되었다. 근무하던 병원에서는 뜻밖의 나의 결혼 소식에 모두 놀라면서 이미 사귀고 있던 사람이 있었던 거냐고 다들 물어보았다. 그도 그럴 것이 독일에서 돌아와 이곳에서 근무한 지가 얼마 되지 않았기 때문이었다.

'그래, 여호와 이레! 하나님께서 미리 준비해 주셨어.'

나는 마음속으로 이렇게 대답했다.

결혼식 날짜를 정하고 보니 준비하기에 너무나 짧은 시간인지라, 셋째 언니가 학교에 근무하면서도 분주하게 여기저기 다니며 준비해 주느라 많은 수고를 아끼지 않았다. 생각해 보니, 아무것도 모르는 나는 그저 당연하다는 듯이 언니에게 고맙다는 생각조차 별로 하지 않은 것 같아서 지금 생각해 봐도 너무나 죄송한 마음이다.

독일에서 돌아온 후 동문들과 기쁨의 만남의 시간이었다

결혼식 당일은 왜 그렇게도 비가 억수같이 쏟아졌는지….

1월인데도 무슨 비가 그렇게 많이 왔는지, 마치 하나님의 축복의 비가 한없이 내려지는 것만 같았다. 쏟아지는 빗줄기 속에서도 웨딩마치는 울려 퍼졌고, 마치 언제나 행복하기만 한 동화 속의 공주님과도 같이, 특별한 느낌이나 감각도 없이 그냥 이끌려서 나는 그날의 주인공이 되었다.

세상에 전혀 물들지 않은 순진한 시골뜨기 처녀가 날아갈 듯한 웨딩드레스를 입고 사뿐히 앞을 향해 걸어가는 순백의 신부가 되었으며 또한 한 걸음 한 걸음 새 생활을 꿈꾸는 새댁이 되었다.

우리는 맞벌이 부부가 되어 처음에는 셋방에서 시작하여 점차 전셋집으로 옮겨가면서 조금씩 생활의 터전을 닦아 나갔다. 미래에 대한 특별한 계획도 없었고 가진 것도 없었지만, 그저 열심히 살아야겠다고 결심하면서 오늘날까지 쉬지 않고 달려온 것은 전적인 하나님의 보호하심과 은혜 덕분이다.

12

미국 이민을 꿈꾸다

언니네 두 가정이 미국으로 이민을 갔다. 나도 언니들이 있는 미국으로 가고 싶은 마음에 남편에게 슬쩍 물어보았다.

"나도 언니들처럼 미국으로 이민 가고 싶은데 어떻게 생각해요? 당신 갈 수 있어요?"

하지만 남편의 대답은 내 생각과는 달랐다.

"지금은 안 돼."

"왜 그렇죠?"

나는 반문해 보았다.

"어머님이 아직 살아 계시는데 가긴 어딜 가? 어머니가 살아 계시는 동안은 절대로 갈 수가 없지."

남편은 딱 부러지게 나의 말을 가로막았다. 좀 아쉽긴 했지만 다시 생각해 보았다.

'이렇게 효도하는 아들을 두신 시어머님은 참 행복하시겠다, 7남매 중에 막내 아들이라서 그런가?'

위로 형님들이 모두 남부럽지 않게 잘살고 계셨다. 전주에 계신 큰형님은 운수사업을 크게 하고 계셨고, 서울에서 살고 계신 둘째 형님을 비롯해서 형님들이 여러분 계시는데, 막내아들인 자기가 도대체 왜 무엇을 꺼리는 걸까? 그러나 비록 아무것도 없이 셋집에 살고 있는 형편이었지만, 우리가 홀로 계신 시어머님을 모시고 살았기 때문에 남편의 생각이 옳은 것이었다.

나는 속깊은 남편의 말에 순종하기로 했고 이민 갈 생각을 포기하였다. 그런데 2년 후에 어머님에게 큰 병이 생겨 얼마 살지 못하신다는 의사의 진단을 받게 되었다. 임종이 가까이 오자 큰댁에서 어머니를 모셔 가셨고, 얼마 후에 시어머님은 돌아가시고 말았다.

어머님 임종 후, 일 년이 지난 후에 아들(철우-조셉)이 세 살이 되었고, 딸(은영-유니스)이 18개월이 되던 해, 남편이 드디어 결심을 하게 되었다. 그리하여 우리는 미국 이민을 갈 절차를 밟게 되었다. 이민국에 서류가 접수되어서 비자 인터뷰를 하러 오라는 통지를 받고서 우리는 서울에 있는 미 대사관을 찾아갔다.

그러나 그만 첫 번 인터뷰에서 탈락하고 말았다. 두 번째 다시 미 대사관을 찾아갔을 때, 많은 사람들이 대기실에서 북적거리며 기다리고 있었고, 우리 부부도 그 가운데 끼어 앉아 기다리고 있었다. 그리고는 긴장하며 시종 귀를 기울이고 있었는데, 우리 이름은 영영 부르지 않고 그냥 시간만 지나가고 있었다.

오후 시간이 되니까 가득 차 있었던 대기실은 사람들이 하나둘씩 빠져나가고, 어느덧 텅 빈 대기실에 우리 부부만 남게 되었다.

4시가 되니까 대사관 직원이 우리에게 다가왔다.

"오늘 업무는 다 끝났습니다. 돌아가셔야겠습니다."

그리고는 사무실 문을 닫으려는 직원에게 남편은 당황하여 말했다.

"잠깐만요! 저희들이 아침부터 접수하고 기다렸는데, 지금까지 저희 이름을 부르지 않았습니다."

"그래요? 다시 확인해 보겠습니다."

그때 우리의 이름을 적은 뒤에 안으로 들어가 서류를 뒤적이더니, 서류가 겹쳐져서 그냥 넘어간 것을 발견하고는 우리에게 다시 와서 말했다.

"미안합니다. 서류가 겹쳐서 그냥 넘어갔네요. 면접하시는 분에게 알리겠습니다."

그리고 나서 잠시 후에 그분이 나오면서 "이리로 들어오시죠"라고 말했다. 우리는 면접실로 들어갔고, 그분이 미국대사관 직원에게 설명을 잘 해줘서 서류를 훑어보고는 몇 마디 영어로 간단히 묻고 나서 통과가 되었다.

인터뷰에서 떨어져 다음에 다시 오라는 통지를 받은 사람들도 많았는데, 이 어려움을 잘 해결해 주시고 쉽게 비자를 받게 해주신 것이 하나님의 은혜와 섭리라고 생각되었다. 그리하여 우리 가정은 1974년 9월 28일, 한국에서 모든 것을 정리하고 언니들이 있는 필라델피아로 오게 되었다.

제2부

새로운 꿈을 꾸며 새 땅으로

1

새 생활의 정착지 필라델피아

　　　　　한국을 떠나 드디어 필라델피아 공항
에 도착하였다. 짐을 찾아가지고 공항 밖으로 나오니, 내 바로 위
의 언니와 형부가 마중을 나와 기다리고 있다가 반갑게 맞아 주었
다. 이른 새벽 시간이었고 가을 날씨였는데도 습기가 많고 공기가
답답한 느낌이 들었다. 승용차를 타고 필라델피아 시외에 빠져나와
언니의 집으로 향했다. 먼저 이민 와서 정착한 언니들이 살고 있는
지역은 필라델피아에 있는 글렌사이드(Glenside) 지역이었다. 집에 도
착하니 모두가 기다리고 있었고, 세 자매의 가족들이 다시 만나 반
가운 마음으로 기쁨의 시간을 갖게 되었다.

　　그런데 18개월밖에 안 된 아직 어린 딸 은영이가 비행기 안에
서 먹은 음식이 좋지를 않았는지 설사를 하며 괴로워했고, 아무것
도 먹질 못해서 기운이 다 빠진 상태가 되어 버렸다. 도착한 첫 날

부터 아이로 인해 어려움을 겪게 되니 불안한 마음에 많이 안타까
웠다.

그런 후에도 은영이는 영양실조가 되었는지 날이 갈수록 계속해
서 입안에 백태가 끼며 아파서 잘 먹지도 못하고 많은 고생을 하였
다. 그때는 미국에 막 도착한 이민생활인지라 병원에 데리고 갈 형
편이 아니었고 그럴 생각조차도 하질 못했다. 그렇게 우리 가족은
언니네 집에서 일자리를 구할 때까지 머물게 되었다.

그러던 중에 또 하나의 사건이 발생했다. 우리 가족은 3층에서
지내고 있었는데, 층계를 오르내리는 과정에서 부주의로 인해 18
개월 된 어린 딸이 층계에서 굴러 떨어지는 소동이 일어난 것이다.
놀라서 급히 병원 응급실로 데려갔는데, 다행히 다른 곳은 아무
이상이 없었고 이마에 조금 상처가 생겨서 몇 바늘 꿰매는 봉합수
술만 하고 돌아왔다.

안정되지 않은 초기 이민생활이라서 더 많이 놀라고 마음이 불
안했었는데, 이 모든 과정에서 큰 형부가 알아서 다 도와주었다.
큰 형부는 한국에서부터 영어에도 능통하였고 은행에서 일했었기
때문에 경험도 많아서 여러 가지로 발생되는 우리 문제들을 잘 해
결해 주곤 하였다.

남편은 일자리를 구하기 위해 날마다 돌아다녔지만 번번이 허탕
을 치고 돌아왔다. 그러다 우연히 중앙대학교 재학 시절에 교목이
셨던 김영환 목사님을 만나게 되어 반가워했는데, 목사님은 필라델

피아 시에 있는 아주 큰 미국 장로교교회에서 선교사로 일하고 계셨다.

목사님이 도와주셔서 함께 일자리를 찾던 중에 집 근처에 있는 기계 부품들을 만드는 조그만 회사에 취직이 되었다. 당시에 아직 차가 없었던 우리 가정에게는 가까운 직장이라 더없이 기쁜 일이었다. 집 문밖을 나서면 마주 보일 정도로 회사가 가까웠으므로 남편이 날마다 걸어서 출퇴근하는 데는 전혀 불편함이 없었다.

남편은 언어가 통하지 않아 청소일부터 시작하여 시키는 일만 했기 때문에 주급이 적었지만 일할 수 있다는 것만으로도 기쁘고 감사했다. 이렇게 생활을 위해 조금이나마 돈을 벌 수 있게 되었고, 또 언니들의 도움으로 이민생활의 많은 어려움을 이겨나갈 수 있었다.

그러나 차가 없어서 생활하는 데 자유롭지 못했기에 먼저 운전면허증을 따야만 했다. 그리고 면허증을 따게 되자 남편은 차를 마련하여 좀 더 나은 곳으로 직장을 옮기게 되었는데, 옮기게 된 두 번째 직장이 페인트를 만드는 공장이었다. 주급도 더 많이 받게 되어 생활에 큰 도움이 되었다.

어느덧 이민 온 지도 3개월이 지나가면서 우리는 집을 얻어 언니네 집에서 나오기로 했다. 적절한 아파트를 찾던 중에 환경이 좋고 비싼 아파트인데도 맨 아래층 방 하나가 싼값으로 나와서 우리 형편으로는 안성맞춤인지라 곧바로 그 아파트로 이사를 하였다.

이민 와서 처음으로 살게 된 아파트 앞에서

보통 이민 1세대들은 모두가 밖에 나가 같이 일한다. 부부가 함께 일하지 않으면 그만큼 생활이 여유롭지 못하기 때문이다. 열심히 일한 만큼 그 대가도 있어서 나도 일할 곳을 찾아 나섰는데, 처음으로 취직이 된 곳은 수녀원에서 운영하는 병원이었다. 아이들이 아직 어려서 밤일을 하기로 하고는 낮에는 아이들을 돌보고, 밤에는 오후 11시부터 아침 7시까지 일하고 집에 돌아오게 되었다. 아직 운전을 못해서 남편이 저녁에 데려다주고 아침에 다시 데리러 왔다.

어느 날 아침은 아이들이 자고 있어서 아침 일찍 아이들을 깨우기 싫었던 남편이 혼자 차를 몰고 나를 데리러 왔다. 함께 집에 도착해 문을 열고 들어가 보니 난리가 났다. 방의 커튼들이 모두 바닥에 굴러 떨어져 있었고, 집안이 온통 어수선한 가운데 아이들이 울면서 달려나와 내 품에 안겼다. 이런 일을 겪은 후 남편은 꼭 아이들을 깨워서 같이 데리고 다녔다.

　밤에 일하는 생활을 계속하다 보니, 나는 잠도 제대로 자지 못하고 세 시간만 자고 일어나는 것이 거의 습관이 되어 버렸는데, 낮에 잠을 자더라도 충분한 시간을 자지 못하니까 마냥 피곤할 뿐이었다. 그렇기에 쉴 수 있는 밤의 소중함을 절실하게 깨닫게 되었다.
　하나님께서 밤을 주셔서 인생들을 편히 잠들게 해주시고, 피곤함도 풀어 주시며, 새 날을 꿈꾸게 하시는 것이 얼마나 감사한 일인지, 그럼에도 불구하고 이를 깨닫지 못하는 사람들은 모든 삶의 원리가 저절로 존재해 왔다고 생각하기 때문에, 창조주 하나님께 감사하지 못하고 어리석은 생각을 하면서 낮과 밤의 구별도 없이 마구잡이로 살아들 가니 참으로 안타까운 일이 아닐 수 없다.

　아이들은 엄마가 낮에 자는 것이 못마땅한지 깨우기도 하고, 항상 저희들과 같이 놀아주기를 바랐다. 그래서 때로는 일어나 밖에 나가 같이 놀아주기도 했지만, 처음에는 이사해서 생소한 곳이라서 마음대로 다닐 수가 없었고 집 주위만 돌다가 들어오곤 하였다. 이렇게 모든 형편과 상황이 불편한 가운데도 아무 불평도 없이 잘 자라주는 아이들이 그저 고맙고 대견스럽기만 하였다.
　근무하는 수녀원 병원에서는 수녀들이 너무나 잘해 주셨다. 나는 그저 밤새도록 병동을 지키다가 아침이 되면 집으로 돌아왔는데, 밤 근무를 맡은 책임 수녀님이 수시로 와서 친절히 이야기를 나누며 도움을 주었고, 그때 수녀들에 대한 깊은 인상을 받기도 하였다.

얼마 동안 그곳을 다니다가 우연히 종합병원에 다니는 어떤 분을 만나게 되었는데, 그분의 소개로 직장을 다른 병원으로 옮기게 되었다. 역시 아이들을 돌봐야 했기 때문에 나는 또다시 밤 근무로 일을 하게 되었다.

한편으로 이제는 나도 운전면허증을 따야겠다고 결심하고 열심히 운전을 배우며 연습을 했고, 그 결과 운전면허증 시험을 단 한 번에 통과하여 면허증을 갖게 되었다. 다른 사람의 도움없이 당당하게 자부심을 갖고서 혼자 운전하고 다닐 용기가 생겨서 낮에는 남편이 차를 사용하고, 밤에는 내가 직접 운전하여 병원에 나갔다. 그렇게 하여 눈이 오나 비가 오나 이제는 남편의 도움 없이도 편안하게 밤에 일하러 나가게 되었다.

아들이 유치원(킨더가든, Kindergarten)에 갈 연령이 되어 배정된 학교로 남편과 같이 가게 되었다. 모든 절차를 밟고 배정받은 반에 들어가 선생님에게 아이를 맡기고 문을 열고 나가려는 순간, 우리 부부는 그만 깜짝 놀라고 말았다. 교실이 떠나갈 듯이 마구 울면서 아이가 우리를 따라나서는 것이었다. 항상 집안에서 엄마하고만 있었기 때문에 낯선 아이들이 많은 곳에 들어가지 않으려고 울면서 야단법석이었다.

그래서 안고 달래주면서 다른 아이들이 있는 곳에서 같이 놀아

아이들과 함께 LA로 첫 번째 여행을 떠났을 때

주는 척하다가, 선생님에게 부탁하고는 아이들과 선생님이 함께 놀이를 하는 틈을 타서 아들 녀석 시선을 피해 겨우 빠져나왔다.

우리는 아들이 걱정스러워 마음이 쓰였는데 친구들과 노는 것이 재미있었는지 다행히도 다음날부터는 울지 않고 순순히 따라주어 마음이 놓였다. 그 다음 해에는 딸아이 역시 킨더가든에 가게 되었는데, 아들과는 달리 처음부터 아주 좋아하면서 명랑하게 잘 적응해 주었다. 선생님들을 잘 따랐고, 또 선생님들도 딸아이를 많이 예뻐해 주셨다.

이렇게 아이들도 커가면서 학교에 잘 적응하며 다니게 되었고, 우리 모두 각자 자기가 맡은 자신의 몫을 열심히 감당하며 살다 보니, 우리 가정도 점차로 안정이 되어 가고 있었다.

2

믿음의 돌파구를 찾다

처음 필라델피아에 도착하고서 우
리는 제일 먼저 교회를 찾았다. 처음에는 자연스레 언니들이 출석
하는 교회에 나가게 되었고, 주일이 돌아오면 빠지지 않고 열심히
예배를 드렸다. 이때는 한인교회가 손에 꼽을 정도로 드물었고, 교
외 지역에는 글렌사이드(Glenside)에 하나뿐이었기 때문에, 근처에 사
는 한인들은 모두 같은 교회에 출석하여 예배드리고 있었다. 당시
에는 이민 온 사람들이 그리 많지 않았으므로 고향을 그리워하며
같은 민족을 찾아 자연스레 한인교회로 모여들었던 것이다.

남편은 교회 일이라면 무조건 헌신적으로 봉사를 했고, 철저한
신앙생활을 하기 원했다. 교회에서 자신이 맡은 직분을 잘 감당하
기 위해서 언니들이 가자고 하는 여행도 번번이 가지를 못했다. 그
래서 지금까지도 미국에 살면서 제대로 여행을 다니지 못한 것이

내게는 서운한 점이 되었다.

　세월이 흘러서 남편은 교회에서 중직을 맡게 되었고, 안수집사를 거쳐서 장로 안수까지 받게 되었다. 교회 강단에서 목사님이, 하나님의 종으로 쓰임받게 해달라고 남편을 위해 기도하며 안수해 주실 때에 남편은 하염없이 눈물을 흘렸다. 그의 모습을 보면서 나도 함께 기쁨과 감사의 눈물이 눈가를 적셨다.

　교회는 나날이 성장해 가고 있었는데, "사탄은 우는 사자와 같이 삼킬 자를 찾고 있다"라는 말씀처럼, 이민 교회에도 여지없이 악한 세력이 침범하는 것을 경험하게 되었다. 교회가 여러가지 문제들로 시끄러워졌고, 교인들이 뿔뿔이 흩어지는 일이 생기고야 말았다. 사람들은 다 각자 자기 생각이 옳다고 주장하면서 마음대로 결정하고, 마음대로 행동하는 일들로 인해 마음이 합하지 못하고 분열되었던 것이다. 신앙 생활을 잘하고 싶은 우리 마음도 여지없이 무너지고 말았다.

　하나님을 의지하기보다는 사람들의 행동을 보며 실망할 수밖에 없었던 우리 또한 신앙이 미숙하고 죄 많은 인간이었기 때문이었다. 교회가 주안에서 덕을 세우지 못하고 조용하지 못한 것을 어릴 적 학생 때부터 많이 보았다고 하면서, 남편은 그저 조용히 교회를 떠나는 것이 좋겠다고 결정을 했고, 아무것도 모르는 나는 그저 그의 의견에 순종할 뿐이었다. 그러나 그렇게 한번 교회를 떠나는 쓰라린 경험을 하고 나니 도무지 교회 생활이 정착이 되지 않았고, 어느 교회를 가든지 똑같은 문제들이 눈에 보여 실망만 늘어날 뿐이었다.

"왜 이렇게 불안정한 교회 생활을 해야 하는 거죠?"

나는 안정되지 않는 교회 생활로 인해 남편에게 화를 낸 적도 많았다. 교회 행정이나 운영상의 깊숙한 속사정을 모르기도 했지만, 원래부터 교회를 떠나고 싶지 않았기에 마음이 답답하여 짜증만 늘어갔다.

남편은 어떤 불의도 참지 못하는 다소 과격한 성격이었고 의지가 굳은 사람이라서, 때로는 남들에게 오해도 받았고 손해를 볼 때도 많았다. 그런 남편을 보면서 '예수님의 성격을 닮아야 하는데 베드로의 성격을 닮았구나' 하는 생각이 들기도 했었다.

어느 때는 느닷없이 남편이 디트로이트로 이사를 가자고 하는 것이었다. 그곳에는 한국서부터 남편과 함께 신앙생활을 같이 했었고, 남편이 형님이라고 부르는 목사님이 목회를 하고 계셨다. 남편은 자신도 교회 문제로 많이 답답했던지 그 형님 목사님께 전화를 걸어서 자신의 심정을 토로한 뒤에 전화를 끊더니 이렇게 말하는 것이었다.

"우리가 디트로이트에 한 번 방문하겠다고 말씀드렸어. 나는 아예 그곳으로 이사를 갔으면 좋겠어."

이사하자는 그의 말에 나는 언짢아하면서 "난 가고 싶지 않아요"

라고 강력하게 말했다. 그러나 남편은 그곳에 방문할 계획을 세웠고, 결국 어린 아들과 딸을 차에 태우고 그 먼 곳까지 운전하여 가게 되었다.

때는 겨울인지라 북쪽으로 갈수록 찬 바람이 불어오더니 눈이 내리기 시작했고, 나중에는 눈이 펑펑 쏟아져 보이지도 않은 눈길을 헤쳐가며 달리게 되었다. 디트로이트로 가는 고속도로는 한산했고, 가끔 큰 트럭만 달리고 있어서 눈길을 피하여 트럭이 내어 주는 길을 뒤따라가야 하는 어려운 상황이었지만, 남편은 운전실력을 발휘해서 안전하게 차를 잘 몰고 뒤따라갔다.

그렇게 험한 날씨 속에서도 두려움 없이 먼 길을 단숨에 달려가 디트로이트에 도착하고서야 우리는 겨우 안도의 숨을 내쉴 수 있었다. 그리고 목사님 가정과 만나서 기쁨의 시간을 가지게 되었다. 남편은 그렇게라도 옛 정을 나누면서 신앙의 선배와 마음을 터놓고 이야기를 하며 조금이나마 위로를 받고 싶었던 것이다. 그리고 먼 길을 차로 운전하며 여행함으로써 머릿속의 복잡한 모든 것들을 잠시라도 잊을 수 있는 기회가 되었다.

나는 신앙 생활을 제대로 잘하지 못해서 많이 괴로웠던 남편의 심정을 잘 알고 있었고, 그전부터 교회에서 헌신적으로 봉사하는 그의 모습을 늘 보아왔기 때문에 남편의 마음을 충분히 이해하고 있었다. 순전히 하나님을 잘 섬기고 싶어서 남편은 이사를 감행하면서까지 믿음 생활을 잘하고 싶었던 것이다.

　그러나 나는 언니들이 살고 있는 필라델피아를 떠나고 싶지 않았다. 사실 이때는 우리가 아파트에서 렌트로 살고 있었기 때문에 언제든지 이동이 가능하였고, 쉽게 어디론가 떠날 수 있는 여건이 충분하였다.
　나는 할 수 없이 하나님께 호소하기로 마음먹고 기도를 드렸다.
　'하나님! 우리에게 집을 주세요. 그러면 남편이 이사 가자고 하지 않을 거 아니에요?'

　나는 엉뚱하게 하나님께 이런 기도를 드렸고, 과연 하나님은 언제나 미약하고 부족한 나의 기도를 들어주시는 참 좋으신 하나님이셨다. 결국 이민 온 지 3년이 되던 해에 우리 집을 마련해 주신 것이다.
　가지고 온 돈도 없었고, 그날그날 살아가는 우리 가족에게는 기적과도 같은 일이었다. 우연한 기회에 어떤 집을 보게 되었는데, 너무 마음에 들어서 그냥 서류를 작성하고 부동산 중개소를 통해서 은행에 제출한 것이 무사히 통과가 되어서 집을 사게 된 것이다.
　이때는 내가 R.N. 간호사로 병원에 근무를 하고 있어서 봉급이 많았기 때문에 은행에서도 쾌히 융자를 내주었던 모양이다.
　챌튼햄(Cheltenham)에 아담하고 아름다운 집 한 채를 얻게 되니, 이 모든 것이 다 하나님의 은혜이고 사랑임을 깨닫게 되었고 감사가 넘쳐 나왔다.

이민 와서 3년 만에 하나님이 주신 집

　집은 크지 않았지만 구조가 예쁘게 지어져서 집에 오는 모든 손
님들마다 집이 참 예쁘다는 말씀을 많이 하셨다. 유태인이 살았던
집이었는데 깨끗해서 고칠 것이 하나도 없었고, 병원에 일 다니기
에도 가까운 거리여서 나에게는 더욱더 마음에 드는 집이었다.

3

미국 간호사(R.N.) 시험 공부에 몰두하다

　　　이민 생활이 시작되면서 곧 일터로 나가게 된 나는, 미국 간호사 협회 면허증인 R.N. 자격증이 있어야만 정식으로 R.N. 대우도 받고 주급도 많다는 것을 알게 되었다. 그래서 면허증을 따야겠다는 결심이 굳어져 갔고, 반드시 시험에 꼭 합격하리라 다짐하면서 문제집들을 수집하여 시험공부에 온통 마음을 쏟았다.

　이때는 이민 온 사람들 중에 한국에서 간호사였던 분들이 많이 있었고 선배 언니들도 있어서 함께 공부하기도 했었는데, 마침 자격증 시험을 위한 학원도 생겨나서 R.N. 공부에 모두 열심을 내던 때였다.

　그러나 나에게 밤에 일하고 낮에 조금 시간을 내어 공부해야 하는 일은 결코 쉬운 일이 아니었다. 그럼에도 불구하고 한 번 결정한 일이라서 할 수 있는 데까지는 해보겠다는 강한 의지로 틈나는 대로 공부에 열중하였다.

드디어 시험 날짜가 되어 펜실베이니아 주의 수도인 해리스버그(Harrisburg)로 시험을 치러 갔다. 함께 간 동료들과 같이 접수를 마치고 시험장에 들어갔는데, 강당만한 큰 홀에는 이미 수험생들로 가득 차 있었다. 자리를 잡고 앉으니 시간이 되었다는 신호와 함께 두꺼운 시험지가 나에게도 건네졌다. 이내 강당 안이 조용해졌고 문제를 풀어가는 소리만 들려왔다.

문제를 읽어 내려가는데 주어진 시간 안에 많은 문제들을 다 답해야 한다는 생각에 마음이 조급해져서 영어로 된 문장들이 머릿속에 잘 들어오지 않아 반복적으로 다시금 읽어 내려가곤 하였다. "땡!" 소리와 함께 시험지를 내고 밖으로 나온 나는 어쩐지 서운한 생각이 들었고, 최선을 다하지 못하고 답을 다 채우지 못해서 실패했다는 생각이 들었다. 결국 이렇게 해서 첫 번째 간호사 자격시험에 떨어졌고, 두 번째도 성공하지 못했다. 그러나 기회가 얼마든지 있었기 때문에 희망을 잃지 않고 다시 도전하였는데, 세 번째 시험에서는 네 과목 중에서 세 과목이 합격했다는 통지서를 받게 되어 불안했던 마음이 다소 가라앉게 되었다.

'그래! 이제는 한 과목만 하면 되는 거야!'
남은 한 과목은 소아과 간호학으로서 비중이 가장 큰 과목이었다. 그래서 소아과 간호학책을 한 권 사서 처음부터 마지막까지 반복하여 열심히 읽으며 책 한 권을 끝낼 수 있었다. 크고 두꺼운 영어책 속의 내용을 보면서 배운 것도 많이 있었지만 전혀 이해할 수 없는 내용들도 많았다. 그러나 이번에는 실수하지 말아야 한다는 집념으로 공부를 하니까 머릿속에 잘 들어왔다. 문제집들도 다시 풀어가며 공부하였는데, 하루는 교회 전도사님과 같이 차를 타고 가는 도중에 이런 저런 이야기를 하다가 내 푸념을 늘어 놓게 되었다.

"전도사님, 제가요, 딱한 사정이 있어요. R.N. 시험을 세 번이나 쳤는데도 다 낙방했답니다. 이번에 한 과목만 남아서 다시 공부하고 있는데 전도사님이 기도해 주세요."

내 말을 듣고 있던 전도사님이 이렇게 말씀하셨다.

"금식기도를 해보세요."

그 말씀을 듣자마자 나는 기다렸다는 듯이 말했다.

"그래요, 그렇네요! 네에, 금식기도를 해야겠어요."

그때야 비로소 용기와 희망이 솟아나게 되었다. 전도사님은 늘 기도하시는 분으로 웨스트민스터(Westminster)에서 수학하고 계셨고, 늘 우리 가정을 위해 기도로 도와주고 계셨다. 당시에는 유학생으로 오셨다가 나중에 목사 안수를 받으시고 한국에 나가서 신학교 교수님이 되신 분이다.

'그래! 내 사정을 누구보다도 잘 아시는 하나님께 매달려 보는 거야!'

나는 결심을 하고는 직장에서 휴가도 받았다.

그리고 3일간을 물 한 모금도 마시지 않은 상태에서 기도와 공부에만 전념하였다. 아침 일찍 나가서 일하고 저녁에야 들어오는 남편은 전혀 이 사실을 알지 못했을 뿐만 아니라 나도 이에 관해 아무 말도 하지 않았다.

그렇게 다시 치르게 된 시험 날짜가 1977년 7월 7일이었다.

다시 해리스버그로 떠나던 날 아침이었다. 뜻밖에 교회 목사님께서 전화를 해주셨다. 선배 언니와 같이 가려고 그분의 아파트에서 준비하고 함께 떠나려던 참이었는데, 목사님께서 전화로 우리 각자를 위해 기도해 주셔서 마음의 평안을 얻게 되었다. 그리고 버스를 타고 시험 장소에 도착했는데, 그곳에는 이미 많은 사람들로 북적이고 있었다.

오늘은 특별한 날인 것 같다는 느낌이 들었다.

날짜가 말해 주듯이 '럭키 세븐'이라는 생각이 내 머릿속에 뚜렷이 박히면서 어쩐지 기분이 좋아졌다. 시험지를 받아 보니 아는 것이 눈에 많이 띄었고, 공부하였던 문제들이 나와서 정신없이 답을 쓰고 시험장을 나왔다.

집에 돌아온 그날부터 마음을 졸이며 우편물이 오기를 손꼽아 기다렸다. 한 주가 지나고 드디어 결과 우편물이 도착했다. 겉봉투를 보고 해리스버그에서 온 것임을 확인하면서 가슴이 마구 두근거렸다. 봉투를 뜯고 내용물을 본 순간 나는 크게 소리쳤다.

"야, 합격이다, 합격이야! 오, 하나님! 감사합니다. 하나님이 도우셨어요."

눈물이 왈칵 쏟아지면서 나는 기쁨에 겨워서 어쩔 줄을 몰라했다. 이제 나도 떳떳하게 R.N.이라는 자부심과 함께 온 세상을 얻은 것 같은 기쁨으로 충만해졌다. 이제 R.N. 면허증만으로도 병원에서는 충분히 인정을 해주고 주급도 훨씬 많아지게 된 것이다.

그러나 세상일이란 좋은 일만 있는 것은 아니다. 그만큼 책임도 무거워지고, 더구나 언어가 완벽하지 않아 실수라도 할까 봐 신경도 많이 써야 했다. 그래도 병원에서 밤 근무를 하기 때문에 일이 많지 않아서 다행이라고 생각했고, 그렇게 나는 병원에서 밤 근무를 7년 동안이나 더 계속하게 되었다.

4

병마와의 싸움, 그리고 첫 단기선교

밤에 일한다는 것은 그만큼 많은 대가를 지불해야 했다. 낮에도 적정한 시간만큼 잠을 잘 자야 하고 영양 섭취도 잘해야 하는데, 나는 그러한 형편도 아니었고 도무지 그럴 생각도 하지 못했다. 그나마 젊음이 뒷받침되었기에 하루하루 주어진 생활 속에서 잘 견디며 지내왔지만, 내 몸이 점점 쇠약해가고 있다는 것을 잘 느끼지 못하고 있었는데, 언제부터인가 몸에 이상신호가 나타나기 시작하였다.

미국에 살고 있는 많은 사람들이 겪고 있는 알러지 증상이 나에게도 찾아왔던 것이다. 처음에는 대수롭지 않게 생각했고, 다른 사람들과 같은 증상이었기에 별로 신경을 쓰지 않고 특별한 진찰도 받지 않았다. 그런데 그 증상이 점점 심해지면서 눈물 콧물이 쉴 새 없이 흘러내렸고, 늘 눈이 충혈되었으며 조금이라도 찬바람만

불어도 심하게 재채기가 나서 견딜 수가 없었다.

알러지 시즌인 봄, 가을이 지나가면 좀 나아지리라 기대해 보았지만, 낮과 밤을 거꾸로 사는 나에게 이 증상이 떠나지 않고 일 년 열두 달을 끈질기게 괴롭혔으며, 또 다른 이상증세까지 나타났다. 오른쪽 귓속에서 시도 때도 없이 '뚝뚝' 하는 소리가 들려서 답답해 죽을 지경이었고, 나중에는 귓속이 뭔가로 꽉 막힌 듯한 느낌이 들었다.

나는 그때서야 이비인후과(EENT)를 찾게 되었다. 여기 저기 찾아다니며 검사를 해보았지만 뾰족한 치료법이 없었고, 귓속 달팽이관에 이상이 있다는 진단을 받고는 약을 처방받아 복용하게 되었는데, 약을 복용한 후로는 온종일 정신이 흐릿하고 혼미해져서 도무지 아무 일도 할 수 없는 상태가 되어 버렸다. 그렇다고 잠만 잘 수 있는 형편이 아닌지라 나는 그만 약을 중단하고 말았다.

그런데 증상이 점점 더 심해지면서 어지럼증까지 나타나게 되니 당혹스러웠다. 처음에는 어지러울 때마다 쓰러져 누워 있으면 몇 시간 안에 증상이 사라지곤 했는데, 나중에는 사방이 빙빙 돌기 시작하면서 도저히 견딜 수 없는 고통 속으로 빠져들어 갔고, 남편이 쓰러져 있는 나를 일으켜서 겨우 부축하고는 응급실에 가는 일이 빈번하게 계속되었다. 또한 심한 증세가 오면 구토증까지 동반되었고, 내 몸이 허공이 뜬 채로 온 사방이 빙빙 돌아가는 것처럼 느껴지면서 말할 수 없는 공포에 시달리며 소리를 지르게 되어 마치 지옥생활을 경험하는 듯하였다.

아침에 이러한 증상이 오기 시작하면 온종일 움직이지 못한 채로 반듯이 누워 있어야만 했고, 눈동자까지 빙글빙글 돌아가 눈도 뜰 수 없는 고통의 연속이었다. 그러다가 저녁 무렵에야 조금씩 가라앉게 되어 겨우 살아나곤 했는데, 이 원인도 모르는 병마와의 싸움으로 하루하루를 공포 속에서 시달리며 살게 되었다. 결국 병원 일도 그만두게 되었고, 내 몸은 점점 쇠약해져서 얼굴은 지치고 시달려서 웃음기라고는 전혀 찾아볼 수 없는 일그러진 표정으로 굳어져 갔다. 완전히 소망과 의욕이 사라져 무기력하게 죽어 가는 인생이었다.

그런 가운데서도 내 믿음이 연약하였기에 예수님을 전적으로 의지하지 않았고, 기도할 마음조차 없는 포기상태의 삶을 이어가고 있을 때였다. 간신히 연약한 몸을 지탱하며 살아가는 나에게 한 줄기 희망의 빛이 비춰왔다. 잘 알고 지내던 어느 목사님께서 LA에서 방문하여 나를 위해 기도해 주셨고, 또한 우연한 기회에 한국에서 기도하시는 목사님이 오셔서 중보기도를 해주셨다. 그분들께 기도를 받고 난 그때부터 지쳐만 가던 나의 영육이 다시 소생하는 것을 온몸으로 느끼게 되었다.

그 후로는 틈틈이 기도하면서 찬송을 부를 때 마음에 평안함이 찾아왔다. 수년 간을 병마에 시달리면서도 버티고 살아온 것, 그 자체가 내게는 기적이었는데 주님은 결코 나를 버리지 않으셨던 것이다.

어느덧 증세가 호전되어 가면서 어지러운 증세도 점점 뜸해지며 나는 다시 살아나는 기쁨을 맛보게 되었다. 그러나 주님의 은혜와 섭리 가운데 고침을 받아 빙빙 돌아가는 어지러움 증세는 사라졌지만, 그 후유증으로 한쪽 귀가 잘 들리지 않게 되고 귓속의 소리는 여전히 남아 있는 상태였다. 하지만 생활하는 데는 아무 지장이 없었기에 늘 하나님께 감사하였다.

그런데 또 다른 풍파로 인해 우리 가정은 다시금 걱정과 근심 속에 휩싸이게 되었다. 사춘기였던 아들의 반항으로 인해 신경이 쓰여 슬픔의 나날을 보내게 되었고, 그로 인해 나에게 위장병이 찾아와 또다시 고통을 겪게 된 것이다. 도무지 먹는 것이 소화가 되지 않아 병원을 자주 찾아가게 되었다.

전혀 먹지를 못하는 나의 몸은 점차로 기력이 없어 쓰러지게 되었고, 링겔 주사를 맞고서야 겨우 일어나곤 하였다. 그러다가 견디지 못해 위내시경을 받아 보았지만 심각한 병세가 아니라고 하여 안심은 되었다. 그러나 여전히 같은 증상으로 먹지를 못해 쓰러지고 허약한 몸을 제대로 지탱하지 못하는 나를, 남편이 다시 병원으로 데려가는 일이 반복되었다.

몸무게가 많이 줄어서 뼈만 남아 있는 듯했고, 행여나 좋아지겠지 기대하며 버텨왔지만, 위장병은 계속 끈질기게 나를 괴롭혔다.

하지만 매년마다 위 내시경을 해보아도 특별히 발견되는 큰 문제가 없었다. 매주 진찰실을 들락거리는 나를 안타까워하면서 하루는 의사가 이렇게 조언을 해주었다.

"당신의 병은 신경성 위장병이니까 여행을 다니거나 흥미로운 여가를 즐기거나, 아니면 쇼핑하러 다녀 보는 것도 많은 도움이 됩니다."

나는 알겠다고 대답은 했지만 그럴 내 성격도 아니었고, 마음도 허락지를 않았으며, 형편상으로도 그렇게 할 수가 없었기에 그저 듣고 흘려버리고 말았다. 그날도 처방해 준 영양주사와 링겔 한 병을 맞고 집으로 돌아왔다. 그런데 날이 갈수록 의사 선생님이 했던 말이 머릿속에서 지워지지 않았고, 내 마음속에 무엇인가 특단의 조치를 해야겠다는 마음이 생겨나기 시작했다.

'그래! 주님의 일을 해야겠어.'

봉사하고 싶다는 마음이 간절해져서 나는 기도했다.

"주여! 제가 무엇을 할까요? 이 상태에서 제발 벗어나게 해주세요. 주님의 평안을 주세요, 주님의 긍휼함이 필요합니다."

나는 봉사하겠다고 다짐하면서 단기선교를 갈 것을 꿈꾸게 되었다. 그래서 하루는 저녁을 먹으면서 남편에게 불쑥 말을 꺼내게 되었다.

"여보, 저 말이에요, 단기 선교에 가고 싶어요."

듣고 있던 남편은 아무런 반응도, 말도 없이 그저 저녁식사만 하고 말았다. 물론 갑자기 당치도 않은 소리를 한다고 생각한 것이 당연한 일이었다. 날마다 죽으로 연명하다시피하는 이 몸을 이끌고 도대체 어디를 가겠다는 말인가. 내가 생각해도 말이 안 되었다. 그러나 내 생각은 자꾸만 단기선교에 마음이 끌리면서 도전이 되었다.

'정말로 괜찮을까? 내가 과연 열악한 선교지에서 견딜 수 있을까?'

건강한 사람들도 선교지에서 음식과 물로 인해 많은 불편을 겪으면서 환경이 맞지 않아 돌아와서도 고통을 겪는다는 이야기들을 들어왔다. 그러나 나는 많은 염려 속에서도 한 번 결심한 것이기에 용기를 내어 주님을 의지하고 선교를 떠나기로 결정하고 말았다.

여름이 가까이 오자, 나는 단기선교팀에 지원을 했고, 준비하면서 훈련을 받은 후에 처음으로 멕시코로 단기선교를 떠나게 되었다. 선교지에 가서는 특별히 음식을 조심했으며, 남들은 맛있게 먹는 고기는 전혀 입에 대지도 않았다.

우리 일행은 선교지에서 하루하루 사역을 시작하기 전에, 아침 경건의 시간을 가진 후에 모두 함께 사역지로 출발하였다. 날마다 우리가 도착하기도 전에 마을 사람들이 모여들기 시작해서 줄을 서서 기다리고들 있었다. 우리는 각각 한방, 치과, 약국 등으로 사역을 나누어 각자 맡은 일들을 열심히 했다. 그러다 보면 어느새 하루가 저물곤 하였다.

또한 선교사님의 지시 아래 교육프로그램을 잘 만들어서 마을의 아이들과 함께 즐거운 시간도 보낼 수 있었다. 우리는 준비해간 물품들과 간식거리를 제공해 주며 주님의 사랑을 전해 주었다. 이렇게 하루하루의 사역을 잘 감당하고 큰 문제없이 건강하게 열흘간의 단기선교 사역을 무사히 마칠 수 있었다.

그러나 어리석게도 그 후에 집에 돌아와서는 조심하지 않고 먹고 싶은 것을 다 먹고서 탈이 나는 바람에 또다시 고통 속에 빠지고 말았다. 몇 달을 힘들게 지내는 가운데 위 전문가인 의사 선생님 한 분을 소개받게 되었다. 오피스가 필라델피아 도심지에 있었는데, 건물들이 복잡하게 즐비한 거리에서 겨우겨우 찾아 들어갔더니, 나이가 많으신 한국인 내과 선생님이 맞아주셨다. 준비해 가지고 간 위내시경 사진과 결과들, 그리고 피검사를 했던 모든 서류들을 다 보여드렸다.

사실은 이렇게 아프기 전부터 위에 크게 손상을 입은 경험이 한 번 있었고, 그 후부터 계속 위장병으로 고생하던 터였다. 위 내시경을 할 때마다 위의 윗부분이 좁아졌으며 함몰되었다는 결과를 듣곤 했었다.

선생님은 서류들을 다 검토한 후에 내 위의 상태에 대해 설명해 주시면서 근육주사를 놓겠다고 하셨다. 어떤 주사약인지는 알지 못했는데, 가슴에 세 번을 놓아준 후에 말씀하셨다.

"이제 집에 가서 아무 음식이나 먹어도 좋습니다."

나는 의심스러워 재차 물었다.

"아무거나 먹으라니요? 지금까지 매운 것은 먹지도 못했는데, 괜찮다구요?"

의사 선생님은 그렇다고 확신하며 대답하셨다.

진찰실을 나와서 차를 타고 집으로 오는 중에도 정말 괜찮을지 믿어지지가 않았다. 그러나 의사 선생님 말씀대로 한 번 해보자고 결심한 뒤에 집에 돌아와서는 조심하며 음식을 조금씩 먹기 시작했고, 매운 음식도 먹을 수 있게 되어 너무나도 기뻤다. 이렇게 10년을 넘게 위장병을 앓아 왔지만, 전적으로 하나님의 은혜와 사랑과 보호하심 가운데 지금까지 지내올 수 있었음을 고백하며 하나님께 감사할 따름이다.

5

두 번째 단기 선교지 탄자니아를 가다

　　매년 여름이 돌아오게 되면 교회에서는 단기선교팀들을 구성하고 훈련시킨다. 멤버들이 구성되면 몇 달 전부터 선교지의 문화와 언어들을 익히고 기도로 준비하게 된다. 다시 결심을 하고 내가 단기선교로 지원한 곳은 아프리카 탄자니아였다. 목사님을 포함하여 모두 10명이 한 팀이 되었고, 사모님의 지휘 아래 차임벨 연주를 연습하기 시작했다. 처음으로 만져보는 차임벨인데 과연 내가 잘할 수 있을까 싶었지만, 선교지로 떠나는 날까지 열심히 연습하며 따라 익힐 수가 있었다.

　아울러 선교지에서 각 모임 장소마다 나눠서 하게 될 프로그램을 준비하게 되었는데, 간호사로서 임상 경험이 많은 나는 건강에 관한 세미나를 맡기로 했다. 현지인들에게 필요한 주제가 무엇일까 생각하다가, 현재 아프리카에 퍼지고 있고 온 세계로 확산되어 가는 에이즈에 관해 알려줘야겠다고 생각했다.

이에 관한 모든 자료들을 아들에게 부탁했고, 아들은 컴퓨터에서 많은 자료를 뽑아 주었다. 이와 함께 기생충 알이 우리 몸 속으로 들어오는 경로를 알기 쉽게 그림으로 작성하여 준비하였다. 이때에는 컴퓨터가 많이 보급이 안 된 상태였고 영어로만 준비해야했기 때문에 아들의 도움이 필요했고, 아들에게서 많은 도움을 받을 수 있어서 다행이라 생각하며 감사했다.

아프리카로 떠나는 날, 우리 일행은 모두 교회로 모여들었고, 먼저 하나님께 예배드린 후에 모든 준비물과 짐을 싣고서 교회 버스를 타고 뉴욕 케네디 공항으로 출발했다. 수속을 마친 후 비행기를 타고 영국을 경유하여 하룻밤을 보낸 후 다시 비행기를 타고 도착한 곳은 아프리카 케냐 공항이었다. 그곳에서 탄자니아로 가려면 시간이 많이 남아 있어서 우리는 공항 밖으로 나와 케냐에서 사역하시는 선교사님의 안내를 받으며 그의 사역지를 돌아보게 되었다.

선교사님은 케냐에서 현지인 신학생들을 가르치며 사역하고 있었다. 넓은 땅에 단층으로 아담하게 건물이 지어져 있었고, 학생들이 거주하는 기숙사와 예배실을 둘러보았는데, 학생들이 방학으로 귀가를 해서 기숙사는 텅텅 비어 있었다. 선교사님께서 짧은 시간을 활용하여 자신의 사역 전반에 관해 소개해 주셨는데, 우리 일행은 잠시 쉬면서 선교지에서의 사역들이 참으로 귀하다는 감동을 받았다.

우리는 시간에 맞추어 다시 공항으로 돌아와 탄자니아로 가는 비행기에 몸을 실었다. 작은 비행기 안은 엔진냄새로 가득하여 몹시 불쾌하였고, 터덜거리는 낡은 비행기가 금세라도 어떻게 되어 버릴 것만 같아서 왠지 불안해졌다. 나는 그 엔진냄새로 인해 속에서 울렁거리면서 구토가 났으나 목적지까지 참으며 겨우 도착했다.

장시간 비행한 것이 아니어서 그나마 천만다행이었는데, 1시간 비행 후에 도착하여 비행기 트랩을 내려오자마자 나는 땅에 주저앉아 토하기 시작했다. 평소에 차멀미를 하지 않는다고 늘 자랑했었는데, 몸이 많이 연약해지자 이런 불편함을 겪게 되었다. 겨우 속을 가라앉힌 후 동료의 부축을 받고 일어나 공항 밖으로 나왔다.

우리는 작은 밴을 타고 마중 나온 선교사님의 안내를 받으며 탄자니아 시내로 들어갔다. 거리거리마다 많은 사람들이 눈에 띄었고, 가끔씩 뿌연 먼지를 일으키며 비포장 지대를 달리는 자동차들이 마치 한국의 60년대 시골길을 연상케 하였다.

탄자니아는 아프리카 중에서도 기독교인이 많은 지역이라고 들었다. 그래서인지 교회들이 곳곳에 세워져 있었고, 가는 곳마다 모두 우리를 환영해 주었다.

숙소에 도착하여 여정을 풀고 다음날 아침에 두 사람씩 한팀으로 나뉘어져 사역지로 모두 흩어졌다. 같이 간 장로님과 나는 한 팀이 되어 현지 사람들의 인도를 받아 차를 타고 한참을 달려서 어느 산 아래까지 가게 되었다. 산을 올라가니 높지 않은 산등성이와 골짜기마다 흩어져 있는 집들이 보였다.

크고 작은 바윗돌들이 아무렇게나 쌓여 있는 골짜기를 지나 산등성이까지 올라갔는데, 그곳에 움막같이 허름하게 세워진 예배 장소가 있었고, 사람들이 우리를 기다리며 앉아 있었다. 통역하는 분의 도움을 받아 장로님이 말씀을 전했고, 나는 세미나를 위해 준비한 것을 발표하며 많은 질문을 받았다.

주일날이 되었을 때, 우리는 세 곳의 교회로 나뉘어져서 예배에 참석했는데 현지 사람들이 찬양하는 모습이 매우 독특했다. 찬양할 때는 모두가 일어나서 악기에 맞추어 춤을 추면서 찬양하는, 그들만의 자연스러운 전통예배 형식이었다. 우리에게는 어쩐지 어색하였고 잘 맞지 않는 듯이 느껴졌다. 그러나 그때는 몰랐지만 창조주 하나님께 찬양과 경배를 드리는 것은 언제 어디서나 그리고 어떤 모습, 어떤 형식이든지 다 하나님께서 기뻐하신다는 것을 깨달았다.

그 다음날도 각자 배정된 사역지로 떠났다. 이날은 사역지들이 많아서 모두 나뉘어 가게 되었는데, 나는 혼자 통역관도 없이 가게 되어 도무지 무엇을 어떻게 해야 할지 걱정이 되었다. 그러나 무조건 안내원을 따라 산등성이 길로 올라갔는데, 그곳에 돌로 주위를 막고 지붕만 만들어 놓은 작은 교회가 있었다.

이미 많은 사람들이 앉아서 기다리고 있는 가운데 영어로 통역할 사람을 찾았더니, 다행히도 하나님께서 예비해 주신 분이 있어서 준비한 자료들을 나눠 주고는 설명하기 시작했다. 특히 에이즈에 대해 잘 설명해 주었고, 맨발로 다니는 그들에게 몸속으로 들어가는 기생충 알이 어떠한 경로를 통해 들어가는지 간략하게 그림으로 설명해 주었다. 열심히 내 설명을 듣고 있는 그들은 마치 우리네 시골 아줌마와 아저씨와도 같은 선한 인상들이었고 매우 순박해 보였다.

모든 설명과 함께 질문을 받고 다 마치고 나니, 그들이 모두 일어나서 나에게 다가와 악수를 청하며 고마운 표정을 지었다. 작고 부족한 나를 세워 주셔서 이들에게 조금이나마 도움을 주고자 하는 선교의 열정과 비전을 주신 것은 진정 하나님의 섭리와 은혜였다. 서로에게 감사하면서 인사를 마치고 가지고 간 선물들과 과자를 나눠 주고 돌아올 때는, 몸은 피곤하고 지쳤지만 맘속에는 기쁨과 즐거움으로 가득 차 흐뭇해졌다.

마지막 날에는 큰 경기장에서 목사님이 집회를 인도하셨다. 전날 저녁에 모였을 때, 목사님께서 모두 간증하라고 권면을 하셨는데, 나는 준비해 간 것이 없어서 어찌할까 고민하다가 밤늦게까지 간증문을 쓰게 되었다. 목사님의 설교가 끝난 뒤에 우리 일행들이 한 사람씩 간증하는 시간을 가졌다. 마침 한국인 여선교사님이 통역을 잘 해주셔서 성령님의 인도하심 가운데 모두 은혜로운 간증시간을 갖게 되었다. 마지막 순서로는 광장을 가득 채운 사람들 앞에서 우리가 연습한 차임벨 찬양을 들려주었다.

그렇게 열흘간의 단기선교 일정을 모두 마치면서, 부족한 나에게

아프리카 동물들만 사는 들판속에서

이 모든 사역을 잘 감당케 하시고 은혜 가운데 큰 문제없이 모든 일정을 마치게 해주신 하나님의 은혜에 감사드렸다.

짐을 꾸려 사역지를 떠나 돌아오는 날이었다. 야생동물들이 살고 있는 곳을 작은 차를 타고 지나면서 구경하게 되었다. 이 작은 차를 '사파리'라고 불렀는데, 이 차를 타고 가야만 동물들을 구경할 수가 있었다. 영화에서나 봤을 법한 동물들을 직접 보면서 놀라기도 하였고 때로는 탄성도 질렀다.

사파리 차를 타고 동물들을 구경함

넓고 넓은 광활한 초원에는 처음 보는 기이한 동물들로 가득 차 있었다. 호랑이, 사자, 기린, 얼룩말들이 떼를 지어 지나갔으며 코끼리 떼가 지나갈 때는 새끼를 보호하며 지나가는 어미의 모습이 참으로 흥미로웠다. 운전하는 안내원이 호숫가에 차를 세워서 모두 내려가서 보니 큰 악어들이 헤엄치고 있었다. 그밖에도 물 속을 연방 들어갔다 나왔다 하는 하마들과, 들판에 옹기종기 모여 있는 까만 들소들을 볼 수 있었고, 풀숲에서 은밀하게 움직이고 있는 호랑이도 발견하였다. 그야말로 말 그대로 동물의 왕국이었다.

　하나님께서 창조하신 이 세상은 기이하고 놀라우며, 우리가 알지 못하는 것들로 가득 찬, 참으로 신비하고도 경이로운 땅이라고 느끼면서 감탄이 저절로 나왔다.
　"어찌 하나님을 찬양하지 아니할까!"
　진정 온 땅의 창조주이신 주의 이름을 높이며 찬양과 경배를 드리지 않을 수가 없게 된다.

6

새로운 사업을 시작하다

사실 남편의 꿈은 사업을 통하여 선교의 일을 하는 것이었다. 마침 오직 믿음으로 살려고 하는 어느 부부를 소개받았고, 봉제에 대해 잘 아는 기술자라고 해서 같이 동역하기로 하였다. 그러나 막상 봉제공장을 시작하자 얼마 가지 않아서 그분들이 그만두게 되었다.

어느 날 집에 들어온 남편이 매우 낙심하는 모습을 보고는 심상치가 않아서 무슨 일인지 물어봤다. 그때까지 나는 사업에는 전혀 관여하지 않아서 아는 바가 없었기에 염려스러웠다.

"왜, 무슨 일이 있어요?"

남편은 힘이 빠진 목소리로 말했다.

"우리 어떻게 하면 좋지? 글쎄, 그 양반들이 그만두었어."

"네? 아니, 우리는 그분들의 실력을 인정하고서 그분들만 믿고 일을 시작했는데 어떻게 된 거예요?"

나는 깜짝 놀라서 억장이 무너졌다. 그렇지 않아도 있는 것 없는 것 다 끌어들여서 사업을 벌여놓은 상태였는데, 이제는 포기해야 되는 상황이 너무나 기가 막혔다. 봉제와는 거리가 먼, 바느질을 전혀 알지 못하는 남편이 어떻게 혼자서 그 일을 감당할 수 있을지 청천벽력과도 같았다. 절대로 남편이 혼자서는 감당할 수가 없는 일이었고 어찌할 방법도 없었다.

그러나 "하늘이 무너져도 솟아날 구멍이 있다"라는 속담도 있지 않던가! 낙심하고 대책없이 주저앉아 있는 우리에게 하나님께서 한 가닥 희망을 주셨다. 남편에게 지혜를 주셔서 같이 일할 다른 분을 구하게 해주셨다.

미국에서 대학을 졸업해서 영어에도 능통했고, 사업 수단도 있는 분을 만나게 되어 그에게 안심하고 모든 운영을 맡길 수가 있었다. 그리하여 사업은 나날이 번창해 갔고 종업원도 100명 가량이나 되어 봉제공장은 많은 물량을 생산하게 되었다. 주로 여성 하의를 주문받아 옷을 만들었다. 공장 건물이 시내에 있었는데 넉넉하게 큰 공간을 빌려서 많은 인원이 한꺼번에 일할 수가 있었다.

그러나 그를 믿고 전적으로 사업의 모든 운영과 관리를 맡긴 것이 화근이 되었다. 그는 야금야금 회삿돈을 빼돌려서 자기의 개인 사업을 크게 만들어 놓았는데, 그것이 우연한 기회에 들통이 나고 말았다. 처음에 사업을 하려면 많은 돈이 필요했기 때문에 우리 집을 담보로 자금을 마련했던 것이 우리에게 큰 문제가 되었다.

그가 회삿돈을 유용하여 다른 사업체를 인수하려고 서류를 만드는 과정에서 모든 것을 자기 명의로 만들어 놓은 것이 발각되자 아무것도 모르고 있던 남편은 크게 당황하였다. 이제 우리 집은 은행에 넘어가는 단계에 이르렀고, 그야말로 빈털털이가 되어 길거리에 나앉게 될 긴박한 상황이 되어 버렸다. 우리 가정은 날마다 걱정 근심으로 가득하게 되었고, 남편은 할 수 없이 서둘러서 소송을 준비하게 되었다.

이렇게 어렵고 힘든 상황에 처해 있을 때, 한국에서 한 통의 전화가 걸려왔다. 남편이 중앙대학교에서 생활할 때에 기독학생으로서 신앙생활을 함께하던 지인의 전화였다. 중앙대학교 경제학과 교수님이시며 목사님이기도 한 최재선 목사님은 서로를 잘 알기 때문에 가끔씩 연락을 하고 지내왔다. 그런데 그분이 이번에 필라델피아 유펜(U-Penn)대학에 교환교수로 오게 되었다는 반가운 소식에 남편은 기쁜 마음으로 그분들을 우리 집으로 모셔왔다. 그리고 가족이 생활할 아파트를 얻을 때까지 우리 집에 함께 머물게 되었는데, 오시자마자 우리 형편이 다급한 상황에 처하게 된 것을 다 들으시고는 이렇게 말씀하시는 것이었다.

"소송은 하지 말고 그냥 하나님의 뜻을 구하는 것이 좋겠어요. 지금 이렇게 가만히 있을 때가 아니야. 우리 당장 금식기도를 하러 가야 돼. 어디 기도하러 갈 만한 곳이 없을까?"

남편도 당황해 하면서 비로소 목사님의 말씀을 받아들였고, 목사님과 함께 3일 동안 금식기도를 하러 멘오렌 기독교 캠프장으로 떠나버렸다. 하나님은 이렇게 절망하고 있는 우리 가정에 마땅히 도울 자를 보내주셨고, 문제를 놓고 기도하게 하셨다. 그 무렵 많은 세월을 병고로 시달린 나는 마음에 평안함이 없었고 웃음도 없었는데, 남아 있는 그 사모님과 함께 손을 붙잡고 기도하는 시간에 비로소 하나님의 평안을 느낄 수가 있었다.

두 분이 기도하고 산에서 내려온 후에 하나님께서 좋은 변호사를 만나게 해주셨다. 그리고 그 변호사에게 지혜를 주셔서 서류를 잘 작성하게 해주셨고, 모든 것이 잘 해결되어 우리에게 좋은 결과를 가져다주었다. 순간순간이 얼마나 긴장되고 절박했었는지… 하나님의 은혜가 아니면 이런 큰 사건을 우리 힘으로는 도저히 감당할 수 없었을 것이다. 모든 문제가 해결되어 집도 찾게 되었고, 절망에서 소망으로 바뀌며 새 힘을 얻게 되자 우리 생활도 다시금 활기를 찾게 되었다.

그 후에 우리는 봉제사업에서 손을 떼고 다른 사업을 찾기 시작했으며, 무엇을 해야 할지 생각하면서 이것저것 알아보기 위해서 매일 돌아다니기 시작했다.

하루는 하나님께서 나에게 꿈을 보여주셨다. 내가 강 가운데서 낚시를 하고 있었는데, 낚시대에 커다란 물고기가 물려 나오는 꿈이었다. 낚시라고는 한 번도 해본 적이 없는 나로서는 너무나 신기해서 남편에게 꿈 이야기를 생생하게 들려주었다.

"어젯밤에 내가 꿈을 꾸었는데요, 내가 낚시를 하고 있었는데 글쎄, 낚시줄에 커다란 물고기가 낚여서 나오더라구요. 틀림없이 좋은 일이 있을 것만 같아요."

남편은 신바람이 나서 떠들어대는 내 꿈 이야기에는 듣는 척도 하지 않고 그냥 시큰둥했다. 그러나 난 무엇인가 확신이 오면서 하나님께서 꿈을 통해 말씀해 주셨다는 느낌이었다. 그리고 얼마 되지 않아서 미국 사람이 운영하는 세탁소를 방문하는 기회가 있었다. 세탁공장이 함께 있는 가게였는데, 드랍 스토어 2개가 딸려 있었으며, 지역도 아주 좋은 곳이어서 무척 마음에 들었다. 가게 세 군데를 모두 사고 싶었지만 가지고 있는 돈이 없는 우리로서는 전부 빚을 얻어야 하는 상황이었다. 할 수 없이 세탁공장이 있는 가게와 드랍 스토어 하나만을 사기로 합의를 보았다.

빚을 얻는 과정이 무척 힘이 들었는데, 하나님께서 해결해 주셔서 겨우 장만하게 되었고, 우리 부부는 또다시 하나님 은혜에 감사를 드렸다. 가게를 거래할 당시에 매상이 많지 않았기 때문에 우리가 지불할 돈이 많이 들어가지 않아서 우리 형편으로는 참으로 다행한 일이었다. 이렇게 인수를 받아 세탁소 일을 하게 되었는데, 당시로서는 매우 미약하고 적은 수입이었지만 날마다 감사하며 미래를 바라보았고, 소망을 품고 열심히 일하면서 사업에 대한 믿음도 생겨났다.

무엇보다도 다시금 우리만의 사업을 갖게 된 것이 기뻤고, 새로운 사업을 시작할 때 최재선 목사님의 조언으로 상호를 '브엘세바'로 결정하여, 하나님께서 아브라함에게 주신 언약의 브엘세바에 샘물같이 끊임없이 솟아나는 축복이 있기를 소망하며, 다시 한 번 하나님의 섭리와 은혜를 깨닫게 되어 그것이 너무나도 감사하였다.

　새롭게 일을 시작하면서 첫째 주의 모든 수입을 첫 열매로 하나님께 드렸으며, 수입이 적을 때나 많을 때를 상관하지 않고 고정 십일조 헌금을 작정하여 드리게 되었다. 그리고는 나머지 수입으로 가게를 조금씩 수리하면서 단장을 하였고, 공장도 기회가 있을 때마다 기계들을 새 것으로 바꾸며 온 정성을 쏟아 열심히 일하다 보니 가게들의 매상도 월등하게 올라가는 즐거움도 맛보게 되었다.

7

더 좋은 것을 주시는
멋진 하나님!

어느 날, 저녁이 되어 일을 끝내고 집으로 들어서는 남편의 얼굴이 매우 굳어져 있었다. 심상치 않은 그의 표정을 바라보면서 나는 직감적으로 '또 무슨 일이 터졌구나'를 알 수 있었다. 무슨 일인지를 알고 싶어서 조심스럽게 남편에게 말을 건넸다.

"여보, 무슨 일이 생겼어요? 왜 그렇게 표정이 어두워요…."

남편은 귀찮다는 듯이 아무 말도 하기 싫다는 표정으로 그냥 이 층으로 올라가 버렸다.

'또 올 것이 온 모양이구나' 그렇게 느끼면서 궁금해서 조바심이 났지만, 남편의 굳은 얼굴에 대고 졸라봤자 불똥이 나에게까지 떨어질 판이라서 그냥 참고 말았다. 남편의 입이 스스로 열려지기만을 잠잠히 기다릴 수밖에 없었다.

나중에 알게 되었지만 Wholesale해 준 두 개의 가게가 작당을 하고 빠져나갔다는 것이었다. 처음부터 그들의 간곡한 부탁으로 무리를 하여 받아들였고, 그로 말미암아 기계를 더 사들이고 일손이 부족하여 종업원도 더 많이 고용한 상태였기 때문에, 몇 주가 되지도 않아 그렇게 갑자기 빠져나가자, 우리에게는 너무나 손실이 컸던 것이다.

남편은 어찌할 바를 몰라 실망하게 되었고, 가게의 손실이 너무나도 컸던 탓에 그들을 원망하고 있었다. 그러는 가운데 남편은 그 상태를 유지할 수가 없었기에 기도하면서 하나님의 지혜로 내 가게를 갖는 것이 현명하겠다는 판단을 하게 되었다.

우리는 다시 우리 가게를 위한 적당한 건물을 찾기 시작하였다. 그때 우리가 운영하던 가게의 전 주인이 미국분이셨는데, 마침 좋은 복덕방을 소개해 주셨다. 그리고 마땅한 건물이 방금 나왔다는 소식에 지체하지 않고 바로 알아보게 되었다.

주유소를 했던 오래된 건물이었는데, 주인이 은퇴할 나이가 되어 복덕방에 내놓았던 것이다. 그리 넓은 땅은 아니었지만 남편은 그 건물을 사기로 결정하고 그 땅에 새 건물을 짓기로 결론을 내렸다. 그리하여 곧바로 추진하여 복덕방에서 소개해 준 건축업자를 통해 새 건물을 짓게 되었다. 기존 건물이 헐려나가며 새로운 기둥이 세워지고 제법 새 건물의 윤곽이 드러나기까지 몇 달이 걸리게 되었다. 그러한 과정 속에서 남편의 마음이 안정되면서 새로운 건물 건축에 온 정성을 쏟게 되었다.

그러던 어느 날, 건축업자가 갑자기 건축비용을 모두 요구하게 되었다. 남편은 그를 믿고 어렵게 돈을 긁어모아 융자까지 얻어서 비용을 모두 지불해 주었다. 하루는 남편이 건축 현장에 나가 보니 일하던 사람들이 보이지 않고 조용히 작업이 중단된 상태였다. 당황한 남편이 복덕방에 급히 연락을 해보니, 그 건축업자가 돈을 챙겨서 사라져 버렸다는 충격적인 소식이었다. 깜짝 놀란 남편은 기가 막혀서 그 자리에 주저앉아서 땅을 치며 울고 싶을 만큼 황당해 하였다. 어떻게 이런 일이 우리에게 일어날 수 있단 말인가…! 도대체 이 무슨 말도 안 되는 날벼락인가…!

결국 건물은 미완성으로 중단되었고, 급기야 남편은 말할 수 없는 고통에 시달리게 되었다. 그러나 이 세상은 미워해도, 결코 실수가 없으신 살아 계신 하나님을 믿기에 우리는 다시금 힘을 얻고 일어날 수 있었다. 다시 시작하는 마음으로 다른 건축업자를 소개받아 고통 가운데서 새 건물을 완성하였고, 드디어 세 개의 가게를 번듯하게 세우게 되었다. 언제나 합력하여 선을 이루시는 하나님께 기쁨으로 찬양을 드리며, 하나님의 자녀에게 항상 더 좋은 것으로 베풀어 주시는 참 좋으신 사랑의 하나님께 감사하게 되었다.

영어로 인해 불편해 하던 남편을, 우리가 운영하던 가게의 전 주인이 늘 친절하게 곁에서 도와주며 이것저것을 돌봐주었기에 모든 일들을 신속하게 진행할 수 있었다. 이렇듯이 하나님께서는 늘 도울 자들을 붙여주시고, 때때로 하나님의 자녀들에게 더 좋은 것을 주시기 위해 고난과 고통을 통과하게 하신다. 그러나 끝까지 지켜 주시고 결국에는 큰 일들을 이루게 하시는 은혜와 사랑의 하나님 이시다. 하지만 하나님은 우리에게 거저 주시지는 않는다. 마치 사과나무에서 사과가 떨어지기만을 바라며 사과나무 아래서 입만 벌리고 있는 자들을 기뻐하지 않으신다.

우리가 수고하고 노력하는 과정을 통해서 더 좋은 것으로 베풀어 주시는 하나님이시다. 더욱더 놀라운 것은 가게 세 개를 모두 다른 분야의 업종으로 문을 열고서부터는 손님들이 많아지고, 고객 모두가 만족해 하며 지금까지 계속 유지하며 잘 운영하고 있음을 볼 때에, 진정 하나님의 은혜와 사랑이었음을 고백하지 않을 수가 없다.

이 세상은 점점 더 험악해지고, 온갖 범죄가 범람하며, 고통당하고 억울함을 호소하는 사람들이 계속 늘어나고 있다. 모두가 다 제멋대로 살아가기 때문에 불신의 세상이 되고 말았다. 그럴수록 더욱 믿고 의지할 분은 하나님뿐이신 것을 절실하게 느끼게 된다.

우리가 하나님의 자녀로서 빛 가운데 행하며, 의의 열매를 맺고 말씀대로 살아갈 때에 영원한 소망을 주시며, 환난 가운데서도 건져주시고 지켜주신다고 약속하셨다. 하나님의 자녀는 우리를 위한 하나님의 말씀을 굳게 믿고, 항상 주님을 신뢰하며, 좌우로 흔들리지 않아야 한다. 우리는 하나님께 가까이 갈수록 더 사랑이 넘치며 변함이 없으신 분이라는 것을 깨닫게 된다.

"여호와는 나의 목자시니 내게 부족함이 없으리로다."

시편 23편을 묵상하고 있노라면 마음속에 커다란 감격이 밀려오고 큰 소리로 외치고 싶어진다.

"하나님은 참으로 멋진 분이십니다! 할렐루야, 하나님은 참으로 찬양받으시기에 합당하십니다!"

옛날 어린 시절에 들었던 이야기가 문득 스쳐 지나간다.

한 사람이 임금님의 행차가 지나가는 길에 문득 보게 된 것이 임금님의 귀였다. 유난히 길어서 마치 당나귀같이 생긴 우스꽝스런 임금님의 귀를 본 그 사람은 주변 사람에게 그 말을 하고 싶어 입이 근질거렸으나 두려움에 말하지 못하고 가슴이 답답해 병이 되자, 멀리 갈대숲에 나가서 마음껏 소리를 지르고 말았다.

"임금님 귀는 당나귀 귀!"

"임금님 귀는 당나귀 귀!"

그리하여 바람이 불 때마다 갈대숲에서는 그 소리가 울려 펴져서, 마침내 온 나라가 임금님 귀가 당나귀 귀라는 것을 알게 되었다는 웃지 못할 옛 이야기가 기억난다.

나 역시 마음속 비밀을 세상에 말하고 싶어 병이 난 그 사람의 심정과도 같이, 나의 삶을 주장해 주시고 간섭하시는 그 하나님의 사랑을, 이 세상을 향해 마구마구 나팔불고 싶은 심정임을 느끼곤 한다.

8

방황했던 아들이
아버지의 품으로

아들과 딸이 초등학교에 다닐 무렵이
었다. 학교가 집에서 멀지 않아 남매가 함께 걸어다녔다. 아들 조
셉은 3학년까지는 성적이 나쁘지 않았는데, 4학년으로 올라가면서
부터는 성적이 오르락 내리락 굴곡이 심해지면서 어떤 과목은 하
위 점수를 받기도 하였다. 도대체 이유가 무엇인지 나는 관심을 가
지고 주시해 보기로 하였다. 그러다 보니 선생님이 칭찬을 해주면
성적이 올라갔고, 그렇지 않으면 형편없이 내려가는 것을 알게 되
었다.

초등학교 3학년에서 4학년으로 막 올라갔을 때였다. 학교가 끝
날 무렵 마중을 나갔는데, 다른 아이들은 다 지나가는데도 우리
아이들이 계속 보이지 않아 걱정을 하며 기다리고 있었다. 멀리서
아들아이가 무엇인가 가슴에 안고 딸아이와 이야기하며 걸어오는

모습이 보였다. 나는 반가워하며 아들에게 물었다.

"너 가슴에 안고 있는 게 뭐니?"

"응, 교장 선생님이 준 거야."

아들이 신이 나서 건네주는 것은 큰 사진첩이었는데, 처음으로 우주선 아폴로호가 지구에서 발사되어 연기를 뿜으며 올라가는 광경을 찍은 커다란 사진이었다.

"왜 이런 것을 교장 선생님이 너한테 주셨어?"

무슨 영문인지 몰라 아들에게 물었더니 아들의 대답이 이러했다.

"응, 엄마, 내가 교장 선생님을 만나러 교장실에 갔었어."

"뭐? 아니, 거긴 왜 갔는데?"

"응, 나 말이야, 3학년 때 담임이었던 선생님 반으로 가고 싶다고 말씀드렸더니 그냥 이 사진만 주셔서 가지고 왔어. 그 선생님이 나한테 잘해주셔서 내가 그 반으로 가고 싶다고 말했거든."

나는 그 말을 듣고서 어이가 없었다. 순진한 아이인지라 어떻게 할 수가 없어 잘 타일러 보았다.

"지금 선생님도 좋은 선생님이야. 그전 선생님처럼 너에게 잘 해주실 거야."

"그래도 난 전에 그 여자 선생님이 더 좋은 걸…"

지금 선생님은 남자분인데 좀 무뚝뚝한 면이 있어서 제딴에는 좋지 않게 생각한 모양이었다. 잘 달래고 설명을 하여 겨우 아들애의 마음을 바꿔놓았다. 그런데 학년이 올라갈수록 아들의 성적은 계속 나빠지고 있었다.

　우리 부부는 걱정을 하며 고민한 끝에 사립학교로 전학을 시켜야겠다고 결정하기에 이르렀다. 그래서 중학교 때 사립학교로 전학을 하게 되었는데, 그 후부터는 학교생활에 흥미를 가지고 재미있게 다니면서 공부도 제법 잘하는 것 같아 보였다. 가끔씩 학교를 방문해서 선생님을 만나볼 때면 아들을 칭찬하는 말을 듣게 되어 안심이 되었다. 성적도 나쁘지 않아 우리는 학교를 정말 잘 옮겼다고 생각하게 되었다.

　이렇게 중학교 3년을 마치고 고등학교로 올라갈 시기에, 우리는 지금 학교보다 더 좋은 고등학교가 있다는 것을 알게 되어 그 학교에 입학신청을 했다. 뉴저지에 있는 로렌스빌 사립고등학교인데 전부 남학생들만 들어갈 수 있고 전교생이 기숙사 생활을 하는 곳이었다. 입학시험이 매우 까다로웠고, 중학교 성적이 나쁘면 받아 주지를 않았으며, 특히 면접시험을 잘 봐야만 했다. 그런데 아들이 머리가 나쁘지 않았는지 어려운 시험 문제들을 구술로 잘 풀었고, 마침내 합격 통지서를 받게 되었다.

　입학식을 하기 전에 학교를 둘러볼 기회가 있어서 방문해 보니 너무 좋은 학교인 것만 같았다. 학교 환경도 정말 좋았고 공부할 수 있는 시설들이 잘 갖춰져 있었으며, 운동기구를 비롯해 교육 시설들도 잘 구비되어 있어서, 자신이 원하기만 한다면 어떤 운동이든지 다할 수 있는 좋은 여건이 충분해 보였다.

그리고 가까운 곳에 프린스턴 명문대학교가 있었고, 주변 환경도 좋은 명문 고등학교로 소문나 있었다. 이렇게 좋은 여건의 학교에서 아들이 흥미를 갖고 학업에 열중하며 학교생활에 잘 적응해 주는 것이 우리 부부의 바람이었다. 학비가 만만치 않아서 웬만한 대학교 학비만큼이나 비쌌지만 결코 아깝지가 않았고 최선을 다해 학비를 마련해 주었다.

남편은 아들의 장래를 걱정하며 어떻게 해서라도 물심양면으로 도와주려고 애를 썼다. 다행스럽게도 하나님께서는 우리가 필요할 때마다 물질을 채워 주셨기 때문에 그 모든 것을 감당할 수가 있었다.

집을 떠나 기숙사로 들어간 아들을 생각하며 처음에는 일주일에 한 번씩은 꼭 찾아가 보았다. 그리고는 학년이 올라갈수록 여유를 갖게 되어 한 달에 한 번 정도로 아들이 입을 옷과 필요한 물건들을 준비하여 기숙사를 방문했고, 이야기를 나누며 학업에 어려움은 없는지 살펴보았다. 우리 부부는 방문할 때마다 열심히 잘하려고 노력하고 있는 아들의 모습을 보고는 안심하고 돌아오곤 하였다.

어느 날 학교를 방문했더니 아들은 마침 학교 운동장에서 미식축구 게임을 하고 있었다. 경기장에는 많은 학생들과 학부형들이 둘러서서 구경을 하던 중이었다. 우리 부부는 사람들 틈에 끼어서 함께 구경을 했는데, 다들 유니폼을 입고 머리에는 헬멧을 쓰고 있어서 누가 누군지를 알지 못했다.

선수들이 한참 열을 내어 게임에 몰두하고 있을 즈음에, 갑자기 함성이 터지면서 기뻐하며 야단법석을 하는 것이 보였다. 선수 중에 누군가가 볼을 넣은 것이었다. 무심코 그쪽을 바라보니 모두들 아들애를 둘러싸고 있는 것이 아닌가! 바로 우리 아들이 볼을 넣은 것이었다. 모두들 아들을 영웅처럼 받들면서 웅성거리며 흥분하는 모습을 보니 너무나 우리 아들이 장하고 대견스러웠다. 그날의 경기는 승리로 마쳤고, 우리는 예상치 못한 흐뭇한 장면을 보면서 아들 녀석으로 인해 새삼 커다란 기쁨을 맛보았다.

나는, 학교 기숙사 생활이 엄격했지만 학생들의 행동 하나하나를 늘 주시하며 철저하게 규칙을 지키게 하는 학교 방침이 마음에 들었다. 그러나 그런 분위기에서도 규칙을 위반하여 벌을 받는 말썽꾸러기 아이들이 꼭 있다고 아들이 이야기하곤 하였다.

그러던 중 나에게 아들로 인해 고민이 하나 생겼다. 기숙사 생활을 하게 되면서 아들 녀석이 전혀 교회에 가지 못하고 있었기 때문이다. 나는 생각한 끝에 남편에게 말했다.

"여보, 조섭이 지금 교회에 가지 못하고 있는데 우리 이렇게 하면 어떨까요? 우리가 좀 고생을 하더라도 주일마다 기숙사에 가서 조섭을 데리고 학교 근처에 있는 교회에 가서 예배를 드리면 어떻겠어요?"

남편도 달리 어찌할 방법이 없었기 때문에 나의 제안에 쾌히 동조해 주었다. 그리고 지도를 펴서 학교 근처에 있는 교회를 찾기 시작하였다. 미국 교회는 잘 알지 못하기 때문에 학교에서 그리 멀지 않은 곳에 있는 한인 장로교회로 가기로 결정했다. 매 주일날 아침이 밝아오면 우리는 일찍부터 일어나 학교 기숙사로 가서 아들을 데리고 그 교회에 가서 함께 예배를 드리곤 하였다. 아들이 하나님을 잘 믿고 예배드리도록 하기 위해서 우리는 모든 것을 제쳐놓고 먼 길도 마다 않고 달려갔으며 피곤함도 잊을 수 있었다.

이렇게 우리가 아들에 대해 안심을 하고 있는 사이에 아들에게 문제가 생기고 있었음을 감지하지 못했다. 아들이 3학년에 올라가서는 성적이 자꾸만 떨어지고 수업 시간에도 주의가 산만하다는 지적을 자주 받게 된 것이다.

그러던 어느 날, 학교에 오라는 통지서를 받고서 학교에 가게 되었다. 가슴을 졸이면서 교장실 문을 들어서서 마음을 정돈하며 교장 선생님의 말씀에 귀를 기울였다. 교장선생님은 차분하게 말씀을 시작하셨다. 들어보니, 스페니쉬 수업 시간에 아들이 수업은 안중에도 없이 그림을 그리고 있어서 담당 선생님이 지적하며 주의를 주었는데, 아들 녀석이 하는 말이 "내가 가르치는 것이 선생님보다 더 낫겠다"라고 했다는 것이다. 당연히 그 선생님은 화가 나셨고, 교장 선생님께 보고를 해서 아들 녀석이 정학 처분을 받게 되었다는 어처구니 없는 소식이었다. 우리는 너무나 어이가 없었고, 아들 녀석의 행동에 대한 실망감으로 가슴을 쓸어내릴 수밖에 없었다.

우리는 다시 생각해 보지 않을 수가 없었다. 이제 졸업반인데 이렇게 되면 대학에 들어가는 일이 쉽지 않을 것만 같았다. 늦었지만 이제라도 빨리 학교를 옮겨야겠다고 판단한 남편은 당장 전학 수속을 밟고 말았다. 그리고는 우리 집에서 가까운 사립학교로 전학을 시켜 버렸다. 그런데 처음에는 별 문제없이 잘 다니는가 싶더니만 또다시 문제를 일으켰다. 학교에서 연락이 왔는데, 아들 녀석이 학교에 출석하지 않았다는 것이었다. 그러더니 그 다음날도 또 학교에 오지 않았다고 전화가 왔다. 매일 학교에 간다고 집을 나서는 아들이 도대체 어디로 간다는 말인가? 졸업할 학년이라서 남들은 열심히 대학에 들어갈 준비를 하고 있는데 정말로 통탄할 일이었다.

'다 늦게 이제 사춘기 반항이 시작된 걸까? 혹시 나쁜 친구들과 어울려서 그런 것일까?'

여러 가지 생각이 나의 머릿속을 온통 어지럽혔고, 아들 녀석에게로 향한 걱정근심에 눌려서 또다시 학교에서 걸려온 전화를 받고서는 나는 곧바로 남편에게 연락해 버렸다.

"오늘 학교에서 또 전화가 왔는데 오늘도 조셉이가 학교에 출석하지 않았다고 하네요."

남편도 어이가 없어 걱정하는 소리로 말했다.

"도대체 이 녀석을 어디에 가서 찾지?"

그날 우리는 걱정근심으로 하루를 보냈고, 새벽녘에야 아들 녀석이 집에 들어오는 기척 소리를 들을 수가 있었다. 야단칠 것이 틀림

없기 때문에 부모가 잠든 새벽 시간을 택해 들어오곤 하는 아들의 행동에 화가 치밀어 올랐다. 그러나 아무리 혹독하게 야단을 쳐봐도 사춘기 반항은 날이 갈수록 더할 뿐이었고, 아들 녀석은 아버지의 말은 도무지 듣지도 않고 급기야 나중에는 저주까지 하면서 집을 뛰쳐 나가버렸다.

청천벽력과도 같은 일을 당한 우리는 어찌할 바를 몰라 걱정과 근심 속에서 하루하루를 지냈다. 행여나 오늘이라도 돌아오지 않을까 간절히 기다리는 우리의 심정은 너무나 처참하고 괴로웠다. 그러나 일주일이 지나도 아들에게서는 아무런 연락이 없었기 때문에 남편은 아들의 친구들을 찾아나섰고, 여기저기 알아도 보았지만 아들의 행방을 도무지 알 길이 없었다.

아무런 대책도 없이 답답한 심정으로 무조건 기다리고 있다가 결국 우리는 지쳐버렸다. 이제는 포기할 수밖에 없으니 아들 하나 없는 셈 치자고 마음을 정하고 스스로 달래 보았지만 슬픔과 고통은 더해만 갔다. 우리 부부는 하나님께 나아가 기도하기 시작했다. 하소연할 데는 오직 주님뿐이었다.

"주님, 이 일을 어찌 해야 합니까?"

통곡밖에는 나오지 않았다. 기도조차 할 수 없어서 주님만 부르는 내 심정은 가슴이 미어지는 것만 같았다. 아들을 위해 남편은 성전에 나가서 하나님께 부르짖어 기도했고, 그 기도 소리를 들으신 하나님은 우리를 불쌍히 여기시고 인자와 긍휼을 베풀어 주셔서 아들의 마음을 돌이키게 해주셨다.

집을 나간 지 2주 만에 아들한테서 전화가 왔다. 갑자기 아들의 목소리를 들은 나는 너무나 기뻤다. 사방 어둠 속에 갇혀 있다가 반짝하고 등불이 켜진 느낌이었다. 아들이 말했다.

"아빠! 나 이제 집에 들어갈 거에요."

아들의 목소리를 듣게 되자 흥분한 남편은 기쁨에 겨워 목이 메었다.

"그래! 그래야지, 어서 들어오너라. 엄마 아빠가 널 얼마나 기다리고 있는데…."

집으로 돌아온다는 아들의 말에 나는 뛸 듯이 기뻤고, 연거푸 우리 기도를 들어주신 하나님께 "감사합니다! 감사합니다!"라고 눈물을 흘리며 소리를 쳤다.

아들이 집으로 돌아왔다.

남편은 아들의 불안정한 마음을 풀어주기 위해 청소년들을 잘 상담해 주시는 김영환 목사님께 부탁을 드려서 아들과 대화를 할 수 있도록 자리를 마련했다. 김영환 목사님은 아들의 이름 조셉과 딸의 이름 유니스를 지어주신 귀한 목사님으로, 남편과는 중앙대학교 시절부터 잘 알고 있었기에 가족과도 같은 분이셨다.

목사님은 예전부터 필라 지역의 초·중·고 학생들을 여름마다 캠프장에서 하나님의 말씀으로 양육하는 프로그램을 운영하셔서 청소년들의 심리를 잘 알고 계셨고, 특별히 영어를 잘 구사하셔서 언어적인 문제가 없어서 청소년들도 좋아하는 분이셨다.

우리 아이들도 초등학교 시절부터 종종 여름 캠프에 참여하여 가르침을 받았기에 아들도 목사님을 잘 따랐다. 그러기에 우리 부부는 아들 녀석이 목사님과 상담을 할 수 있도록 주선해 주고는 마음을 놓고 평안할 수 있었다. 다행히 목사님께서 아들을 잘 다독거려 주셔서 마음을 잡고 일상생활이 안정되어 갔다.

성경 말씀에, 돌아온 탕자를 맞는 아버지가 아들이 집으로 돌아오자 온 동네잔치를 베풀고 기뻐하는 예수님의 비유가 나오는데, 우리 부부도 그와 똑같은 심정이 되어서 기쁨의 시간을 갖게 되었다.

인간을 사랑하시는 하나님께서는 지금도 한 영혼이 주께 돌아오기를 안타까운 마음으로 기다리신다. 예수님은 하늘보좌 우편에 앉으셔서 우리를 위하여 중보기도를 계속하시고, 또한 열방이 하나님께 돌아오기를 쉬지 않고 기도하신다고 말씀하셨다. 이렇게 집으로 돌아온 아들은 학교로 다시 돌아갔지만, 대학교에 들어갈 시기를 놓쳤을 뿐만 아니라 모든 여건이 미달되어서 입학할 자격을 상실해 버렸다.

다른 졸업생들은 이미 대학교에 원서를 제출해 놓은 상태였고, 현재 다니던 고등학교에서는 대학교 입학원서를 써줄 수가 없으며 졸업도 하지 못한다는 경고장을 받았다. 학교 출석일이 미달이고, 시험도 치르지 않아서 성적조차 없다는 것이 그 이유였다.

나는 이제 대학에도 가지 못할 아들을 바라보면서 한없는 슬픔과 실망 속에서 어찌할 바를 몰랐다. 우리 마음은 최선을 다해 잘 가르쳐서 훌륭한 아들로 키우고 싶었건만, 그 바람이 그만 어긋나고 말았던 것이다.

하지만 실망하고 있는 우리와는 달리 하나님 아버지는 이 아들을 사랑하셔서 당신의 계획대로 인도해 주셨다. 아들에게 깨달음을 주셔서 우선 학교를 찾아가 졸업장이라도 받을 수 있는 길을 알아보게 하셨다. 학교에서는 아들의 사정을 알고 호의를 베풀어 주었으며 길이 있다는 것을 알려 주었다.

우리는 조그만 희망이라도 갖게 된 것이 너무나 기뻤다. 그래서 학교 측의 후원으로 썸머스쿨에 지원하여 공부한 뒤 아들은 고교 졸업장을 받게 되었다. 처음으로 아들의 눈에서 눈물이 흐르는 것을 보았을 때, 내 마음은 안타까워 너무나 아파왔지만 한편으로는 그나마 우리 아들이 아버지의 품으로 다시 돌아온 것을 생각하며 스스로 위로 받고 감사할 수 있었다. 아쉽지만 이제라도 대학을 가게 되었으니 모든 것이 하나님의 은혜였던 것이다. 그리하여 아들은 뒤늦게 SAT시험을 위해 열심히 공부를 하였고, 그 결과 의외로 좋은 점수를 받게 되었다.

우리는 기쁨 가운데 이 점수로 이름 있는 유명 대학에도 충분히 들어갈 수 있겠다고 생각하고 있었다. 대학교 원서 접수 마감이 임박했을 때였다. 아들의 대학 입학 문제로 마음을 졸이던 가운데 어느 날 저녁 무렵에, 남편은 대학 진학에 관해 아들의 의견을 물어

보았다.

"조셉, 너는 어느 대학에 가고 싶니?"

"뉴욕에 있는 N.Y.U에 가고 싶어요."

아들의 말에 우리는 당장 그 학교의 접수 기한을 알아보니 바로 다음날이 마감일인 것을 알게 되었다. 당황한 남편은 실망하며 아들에게 말했다.

"애, 조셉아, 안 될 것 같다. 내일이 마감일인데 우편으로 원서를 부치면 이미 늦을 거야. 어떻게 하지? 다른 대학에 갈 수 있는지 다시 알아보자."

그러나 남편은 아들이 원하는 대학에 가게 해주고 싶어서 골똘히 생각하더니만 갑자기 기뻐하며 말했다.

"아니다, 아니야, 할 수 있는 방법이 있어. 필라델피아 시내에 있는 중앙우체국은 밤12시에 문을 닫거든. 문 닫기 전에 빨리 가서 입학원서를 속달로 부치면 내일까지 도착할 수가 있단 말이야."

그리하여 다시 희망을 갖고 부랴부랴 원서를 써서 아빠와 아들은 필라델피아 시내에 있는 중앙우체국으로 차를 몰고 갔다. 한 시간 가량 걸리는 거리였지만 저녁 늦은 시간이어서 교통이 혼잡하지 않은 덕분에 원서를 무사히 부치고 집으로 돌아왔다.

합격 통지가 오기를 간절히 기다리는 우리의 마음은 매우 초조하였다. 하루가 가고, 이틀이 가고, 마침내 뉴욕 N.Y.U.의 합격 통지를 받고서야 기쁨의 눈물이 쏟아져 나왔고 안도의 한숨을 쉴 수 있었다. 우리 아들이 힘들고 어려운 과정을 잘 견뎌내고 이제 대학에 갈 수 있음에 하나님께 감사를 드렸다. 하나님은 사랑하시는 자녀를 결코 버리지 않으시고 은혜와 자비를 베풀어서 결국에는 선한 길로 인도해 주시며, 우리를 향하신 그분의 사랑과 계획을 깨닫게 해주신다.

입학 날짜가 되어 아들을 기숙사에 데려다 주면서 우리 부부는 오직 아들이 아무 탈 없이 이 대학을 무사히 졸업해 주기를 바라는 심정으로 기도하면서 학교로 향했다. 그동안 아들로 인해 걱정 근심이 끊일 날이 없었던 지난날들이 영화속 장면처럼 지나가면서, 전전긍긍 속끓이며 안타까웠던 마음들이 어느새 다시 평온한 마음으로 되돌아왔음을 느끼게 되었다. 아들도 크게 깨달은 바가 있었는지, 대학생활을 비교적 조용히 지내며 공부하려고 애쓰는 모습들이 보였다.

아들이 대학 졸업반으로 올라간 때였다.
하루는 전화를 걸었더니 깜짝 놀랄 얘기를 하는 것이었다. 전교 학생회장을 뽑는데 22명의 지원자 가운데 자기도 지원을 했다는 것이다. 대학의 상급생으로서 모든 학생들의 학교 생활을 책임지며, 대표자로 운영을 맡아 일해야 하는 자리가 전체 학생회장이었다.

그저 되든지 안 되든지 간에 아들애가 지원했다는 말만 들어도 우리는 기특하고 대견했다. 영영 잃어버릴 뻔한 아들이 다시 돌아온 것만으로도 감사하고 있었는데, 착실히 공부하며 노력하는 아들로 변했으니 그저 놀랍고도 고마운 일이었다. 그리고는 얼마 지나지 않아 하루는 전화벨이 울려서 무심코 전화를 받았는데, 수화기 저편으로 아들의 흥분된 목소리가 들려왔다.

"엄마! 나 됐어."

"뭐라고? 되다니, 아니, 네가 학생회장으로 뽑혔다고?"

"네에, 내가 전체 학생회장으로 뽑혔다니까!"

울음 섞인 아들의 음성을 들으며 나는 어안이 벙벙하였다.

마침 저녁시간이라서 남편도 함께 있었는데, 남편 역시 기쁨으로 눈물을 글썽거렸다. 마치 꿈이 아닌가 싶었다.

"하나님, 정말 감사해요. 우리 아들을 이렇게 사랑해 주시다니요, 정말 감사합니다."

나의 눈에서도 눈물이 흘러내리고 있었다.

동양인이 전교학생 회장이 된 것은 학교 역사 이래 처음 있는 일이라고 했다. 우리는 즉시 차를 몰고 뉴욕을 향해 아들이 있는 아파트를 찾아갔다. 문을 열고 들어가니 아들은 소파에 누워서 제대로 눈도 뜨지 못하고 있었다.

우리는 깜짝 놀랐다.

"아니, 얘야, 웬일이니? 눈도 뜨지 못하고 이렇게…"

아들 곁으로 달려가서 어찌된 영문인지 물어 보았다. 지난 며칠을 잠도 자지 못하고 회장 선출에 몰두했다는 것이다.

아들은 같은 팀으로 일했던 임원들과 함께 승리의 기쁨으로 매우 흥분한 상태였다. 많은 N.Y.U. 학생들이 선거에 동참해 협력해 주었고, 선거에 참여한 1,000여 명 중에서 700명이 아들을 지지해 주었다고 하니 가히 놀라운 일이었다.

우리는 곧장 아파트를 나와서 헤매다가 겨우 약국을 발견하고는 안약을 사가지고 돌아와 아들의 충혈된 눈에 넣어 주었다. 나는 안타까워서 아들에게 물어보았다.

"엄마가 이제 무엇을 어떻게 도와줄까?"

아들은 아무렇지도 않은 듯 말했다.

"엄마! 괜찮아요. 우리 친구들과 임원들이 열심히 잘 도와주고 있어요."

사실 우리가 아파트 방을 노크하고 들어갔을 때, 미국 학생들이 함께 있다가 우리가 들어가니 자리를 비켜 주었다. 모두 미국인 학생들인 그들도 함께 당선된 임원들이고 아들을 잘 도와주고 있다니, 특별히 우리가 더 도울 일은 없어 보였다. 지금 아들에게 가장 필요한 것은 휴식을 취하고 잠을 자는 일이라고 생각되었다. 그래서 우리가 더 오래 머물러 있으면 그들이 불편할 것 같아서 조금 있다가 아파트를 나왔다.

집으로 돌아오는 차 속에서 온통 생각이 아들에게로 향했다. 좀 더 아들을 도와주지 못하고 뉴욕을 떠나는 것이 안타깝기도 하고, 서운한 마음이 들기도 하며, 그저 아쉬운 마음뿐이었다. 이렇게 아들이 대학에서 전체 학생회장이 되어, 전 회장이 운영에 차질을 빚어 적자였던 상태를 잘 처리하여 해결하고, 모든 일을 잘해 나간다는 소식을 들으면서 아들에 대한 염려와 걱정을 덜고 안심이 되었고, 동시에 마음에 뿌듯함을 느끼게 되었다.

N.Y.U. 졸업식에서 아들과 함께

9

앞만 보고 달리는 아들

어느덧 아들은 대학 생활을 잘 보내며 열심히 공부하여 모범생이 되었고, 4과목을(정치학, 경제학, 신문학, 법학) 선택하여 공부하였다. 그중 법학 과목을 공부하게 된 계기는 여름방학 때에 뉴욕에 있는 로펌에서 인턴십으로 맨 처음 사회생활을 경험했기 때문이었다. 아들은 뉴욕 N.Y.U. 대학을 잘 마치고 졸업하게 되었다.

이제는 모든 사리판단을 하는 지성과 이성을 갖추었을 뿐만 아니라 자신의 길을 스스로 선택하여 나아가는 성숙한 아들이 된 것이다. 우리도 이제 아들에 대해 근심 걱정을 다 내려놓고 아들의 앞길을 하나님께 맡기고 기도할 뿐이다.

졸업 후에 아들은 취직하겠다고 직장을 찾던 중에 골드만삭스 금융회사에 지원하겠다고 했다. 아들이 인터뷰를 하고 있을 때 우리는 궁금해서 전화를 걸었다.

"어떻게 인터뷰는 잘 끝났어?"

"아니요, 아직도 끝나지 않았어요."

"뭐? 무슨 인터뷰를 그렇게 길게 몇 번이나 하는 거야?"

아들은 무려 9번이나 인터뷰를 거치면서 많은 경쟁자를 물리치고 당당하게 합격했다는 소식을 전해왔고, 우리는 또 한 번 하나님께 감사하며 기뻐했다. 인턴십으로 일하던 뉴욕 로펌에서도 오라는 연락을 받았으나 골드만삭스 금융회사로 갈 것을 결정하였고, 회사에 입사하여 일을 시작했다는 전화가 왔다.

우리 부부는 이따금씩 뉴욕을 방문했는데, 아들은 아침부터 저녁 늦은 시간까지 근무를 하며 바쁘게 일했고, 어떤 때는 밤을 새우는 일도 있다고 하였다. 늘 시간에 쫓겨 피곤해 하면서도 즐겁게 일하는 것을 보면서 장하다고 생각했으나 한편으로는 늘 건강이 걱정되었다. 아들을 만나고 올 때면 으레 우리는 그저 몇 시간밖에 이야기하지 못하고 헤어지게 되어 늘 아쉬움을 달래며 집으로 돌아오곤 하였다.

아들은 그 회사에서 5년을 근무하고 LA에 있는 지사로 발령을 받아 2년을 더 근무한 뒤에 다시 뉴욕으로 돌아오게 되었다. 일 속에 파묻혀 사는 아들을 보면서 나는 장래 일이 걱정되기 시작했다. 하나님을 생각하지 않고 예배도 드리지 않는 것 같아서 안타까운 마음으로 아들에게 채근을 하곤 하였다.

"얘야, 주일에는 교회에 가서 예배드려야 한다."

"응, 알았어요."

아들은 아무 생각도 없이 그저 간단히 대답하곤 하였다. 사실 정해져 있는 교회도 없었고, 같이 다닐 친구도 없기 때문에 대답처럼 쉬운 일이 아니라는 생각이 들었다. 우리의 힘으로 해결될 일이 아니었다. 하나님의 도우심이 있어야 하는데 우리의 기도가 부족한 것인가….

사실 나 자신도 믿음이 연약하고 성숙하지 못해서 주님 앞에 온전히 잘 나아가지를 못하였고, 기도하지 못하며 늘 바쁜 생활에 얽매어 살아왔기에, 어떻게 아들에게만 신앙생활을 잘하라고 바랄 수 있겠는가 싶었다. 그러다가 한동안 뉴욕에 가지 못하던 차에 아들이 어떻게 지내고 있는지 궁금하여 남편에게 말했다.

"우리 한번 뉴욕에 갔다 오면 좋겠어요."

남편도 가기를 원해서 나는 아들에게 전화를 걸었다.

"얘야, 조셉, 우리가 너 보러 뉴욕에 갈 거다."

하지만 아들은 마치 전화할 시간도 없이 귀찮다는 듯이 급한 목소리로 말했다.

"엄마! 나 정말 바빠서 엄마 아빠 만날 시간도 없어요."

"그래? 그럼, 할 수 없지 뭐, 그렇게나 바빠? 알았다."

실망한 채 수화기를 내려놓으며 어쩐지 서운한 느낌이 들었지만, 이제는 정말 아들이 제 할 일을 잘하고 있다는 생각이 들어서 감사하면서 나름 마음이 놓였다.

그러나 한편으로는 회사일로 늘 바쁘게 일하면서 피곤하고 시간이 없다는 핑계로 교회를 가까이 하지도 않고, 또한 믿음은 들음에서 난다는 말씀대로 아들이 말씀을 듣는 기회가 없으니 믿음이 자랄 수 없다는 생각에 엄마로서 안타까움이 늘 마음 한쪽에 자리하고 있었다.

그런 아쉬움 가운데서도 믿음을 가지고 아들에게 기대를 갖는 것은, 그래도 아들이 하나님 말씀에는 거부 반응이 없이 순수하게 잘 받아들이는 자세가 있었고, 자기 생활에 성실하게 그 책임을 다하는 모습을 보면서, 언젠가 때가 되면 신앙생활도 성실하게 잘할 것이라는 기대감으로 감사하게 되었다.

10

뭐? 벤처 창업이라고?

하루는 뜻밖에도 아들한테서 전화가 왔다. "엄마! 언제 시간 내서 뉴욕에 오실 수 있어요?"

"아이고, 그럼! 당장이라도 가야지. 언제가 좋겠니?"

"이번주에 공휴일이 있으니까 그날 오시면 좋을 것 같아요."

한 번도 먼저 오라고 연락한 적이 없던 아들이었다. 우리가 간다고 해도 항상 바쁘다고 하면서 거절당한 때도 있었기에 늘 먼저 허락을 받고 아들을 방문하곤 했었다. 그러한 터에 먼저 전화까지 해서 오라고 하다니 어쩐 일인가 싶었다. 아무튼 무척 반가웠고 아들을 만날 날이 손꼽아 기다려졌다. 마침내 그날이 돌아와 아침을 먹고 준비하면서 남편에게 이야기를 했다.

"오늘은 쉬는 날이니까 조섭도 아파트에 있겠죠? 그러면 좀 더 많은 시간을 갖고 그 녀석과 이야기할 수 있겠네요."

우리 부부는 아들을 만날 생각에 즐거운 마음으로 단숨에 하이

웨이를 달려서 뉴욕에 도착했다. 아파트에 들어서자 아들이 곧 밖으로 나가자고 해서 따라 나선 곳은 바닷가였다. 휴일이어서 많은 인파들이 복잡하게 북적이고 있었기 때문에, 우리는 한가한 곳을 찾아 쇼핑몰 안으로 들어가 자리를 잡고 앉았다.

이런저런 이야기를 하던 중에 아들은 메고 온 가방에서 서류뭉치를 하나 꺼내더니만 한 장씩 넘겨가며 설명하기 시작했다. 세밀하게 도표도 그려 넣은 것이 보였고, 아무것도 모르는 나로서도 감탄할 정도로 자세하게 잘 작성한 서류였다.

끝까지 설명을 한 다음에 아들은 새롭게 사업을 하기 위한 사업계획표라고 이야기했다. 아이의 설명을 진지하게 다 듣고 난 다음, 남편은 염려스런 표정으로 아들에게 말했다.

"조셉아, 사업한다는 것은 결코 쉬운 일이 아니야. 아빠도 한국에 있을 때 이것저것 사업을 하다가 실패한 경험이 있어. 지금 다니고 있는 직장이 이렇게 좋은 곳인데 왜 모험을 하려고 하니? 네 생각도 좋지만, 그래도 아빠 생각에는 새로운 사업은 하지 않는 게 더 좋겠다. 잘 생각해 봐."

남편은 오랜 세월을 살아오면서 많은 어려움을 경험했기 때문에 아들을 극구 만류했다. 남들은 다 들어가고 싶어하는 그런 좋은 직장에 잘 다니고 있으면서 거길 떠나서 어떻게 하려고 하는 건지, 아들애가 엉뚱한 생각을 하고 있는 건 아닌지, 그저 아들이 잘되기만을 바라는 우리로서는 어떤 조언을 해야 할지 심정이 복잡하고도 미묘했다. 아무튼 그날은 아들과 같이 시간을 보내고 다소 착잡한 마음으로 집으로 돌아왔다.

나는 아무리 생각해 보아도 아들이 새 사업을 감당할 수가 없을 것만 같았다. 창업을 위해서는 도와줄 사람도 필요하겠고, 우선 그만한 큰 돈을 구할 수도 없을 것 같아서 부정적인 생각만 들었다. 그리고는 한동안 바쁜 생활로 그 일은 까마득히 잊은 채로 지내고 있었다. 그러나 남편은 아들이 염려스러워 자주 전화를 걸어 근황을 물어 보곤 하였다. 그러던 어느 날, 몹시 안타까운 목소리로 내게 말하는 것이었다.

"여보, 조셉이가 결국은 직장을 나왔다네, 그리고 드디어 일을 새로 시작했나 봐."

남편은 실망한 눈초리로 말했다. 결국 아들이 일을 저지르고 만 것이다. 우리는 아들애가 무엇을, 그리고 어떻게 하고 있는지 너무나 염려되고 궁금해서 다시 뉴욕을 찾아 올라갔다.

아들은 뉴욕 맨해튼 중심가의 어느 빌딩 지하실을 렌트해서 사무실로 꾸며 놓고, 동료들 몇 사람과 함께 일을 하고 있었다. 작은 지하실 공간 안에는 많은 컴퓨터 시설들이 놓여 있었는데, 아들은 그곳에서 일하면서 잠도 자는 아주 불편한 생활을 하며 생고생을 하고 있어서 가슴이 아팠다.

우리가 가까운 곳에 있으면 조금이라도 도울 수가 있겠는데, 너무 먼 거리였기 때문에 어떻게 도울 수도 없는 처지였다. 나중에 알게 되었는데 함께 일하던 회사의 어떤 부서 과장이 많은 돈을 투자해 주어서 사업을 시작하게 되었다고 한다.

회사 이름을 'Kozmo.com'이라고 지었는데, 처음 시작한 그 일은 빠른 시간 내에 주문한 물건을 배달해 주는 일이었다. 이 시기에 뉴요커들에게는 비디오가 한창 인기였었는데 주로 비디오 배달을 해주었고, 나중에는 사업이 점차 확장되면서 거의 모든 물품들을 취급하게 되었다. 그때 아들의 나이는 28세였고 사업 경험도 없는 상태라서 우리는 늘 불안하기만 했다.

그런데 사업은 빠른 속도로 확장되어 갔으며, 미국 전역에 있는 여섯 개 도시에 프랜차이즈를 신설하여 흑자를 낸 곳도 있고 투자자들을 많이 확보하게 되었다. 그리고 많은 인재들을 뽑아 경영하면서 뉴욕의 잡지와 신문사마다 이 사업체를 소개하면서 창업한 이야기를 다루게 되었다.

회사는 큰 사업체로 급성장해 나갔고, 회사가 IPO를 통과한 후 상장하려는 그 즈음에, 아들은 회계 업무를 책임 맡은 사람이 관리를 잘못하여 많은 돈이 빠져나가고 있었음을 알게 되었다. 아들은 그저 앞만 보고 달렸기 때문에 경영에 차질이 생긴 것을 뒤늦게야 알았지만 이미 막을 길이 없었다. 결국엔 파산선고(bankruptcy)를 하게 되었다는 소식을 들었을 때 마음이 너무나 좋지 않았지만, 한편으로는 오히려 더 좋은 길로 인도해 주실 것을 믿게 되면서 불안하였던 마음이 곧 평온해졌다.

아들에게 당장은 안 된 일이지만, 실패를 통해 더 많은 것을 배우는 기회로 삼아 앞으로는 더 나은 삶을 살기를 기대해 볼 수밖에는 없었다. 아직은 젊은 나이에 승승장구하며 하나님 없이 사는 것은 너무나 위험한 일이라고 여겨졌던 것이다. 더욱이 아들은 사업 경험이 없었기 때문에 더욱더 그러했다. 남편은 늘 아들이 하고 있는 일에 대해 불안하게 생각하여 이런저런 조언을 해 주었지만, 아들은 아버지의 말을 한 귀로 듣고 한 귀로 흘려 버리며 자신만 믿고서 자신만만했던 것이다.

한창 사업이 번창하고 있을 때의 일이었다.

아들이 월가에 있는 빌딩의 위아래층을 다 사무실로 임대해 놓고 많은 직원들을 거느리고 있을 때였는데, 우리 부부와 딸이 같이 동행하여 아들의 사무실을 방문했었다. 마침 그날 그곳에는 영화를 제작하기 위해 영화 감독이 오기로 약속되어 있다고 아들이 말했다. 그 감독은 한국인이었는데, 아들이 하는 모든 사업과 일하는 모습을 일일이 찍어서 기록 영화로 만들고 있는 중이라고 했다.

약속한 시간에 그분이 와서 소개받게 되었는데, 우리의 사진도 함께 찍겠다고 말했다. 그리하여 예고도 없이 현장에서 우리 모습을 담으면서 질문도 하길래 답변을 하게 되었다. 나중에 이 모든 내용이 'e-Dreams'(질주. 2001년 전주 국제 영화제에서 상영)라는 다큐멘터리 영화로 완성되었다는 이야기를 듣게 되었다.

그 후에 다시 필라델피아로 돌아온 우리는 그 일을 잊어 버렸다. 매일같이 아침 일찍 가게 문을 열고 일하는 바쁜 일상적인 하루

일과를 보내며 지내던 중에 어느 날 한 단골손님이 가게에 들어오더니 이렇게 말했다.

"어제 TV에서 당신을 보았어요."

나는 깜짝 놀라서 그 손님에게 무슨 소리인지 다시 물어보았다. 손님은 아들이 사업을 하고 있는 내용의 영화를 TV에서 보았다고 말하는 것이었다. 그때서야 그 영화를 찍었던 일이 생각나면서 미국에서도 방영한다는 것을 우리에게 말해 주지 않아서 그 영화를 보지 못한 것이 아쉬워졌다.

한국에서도 TV로 방영해 줘서 남동생과 몇몇 친척들이 영화를 보았다고 전화를 해주었고, 비디오로 만들어서 우리에게도 보내주었다. 우리는 이러한 사실을 전혀 알지도 못하고 있다가 다른 사람들을 통해서 알게 되어 아쉬운 마음으로 아들에게 전화를 걸었다.

"조셉, TV에서 '질주'라는 이름으로 네가 나온 영화를 방영했다고 하는구나. 너도 물론 봤겠지? 왜 우리에게 알려 주지 않았어? 우리만 영화를 못 봤잖아."

그때야 아들은 말했다.

"엄마, 죄송해요. 미처 알려드릴 짬이 없었어요, 그 영화가 한국에서는 시청률이 60%나 되었대요."

"그랬었구나!"

한국에서 그렇게 높은 시청률을 보였다고 해서 우리는 놀랐다. 결국에는 창업의 모든 것을 접게 되었지만, 그래도 아들 녀석이 인생길에 두려움 없이 뛰어들어가 많은 경험을 했고, 아울러 좋은 교훈도 얻은 것 같아서 그저 감사하고 또 감사했다. 앞으로 가야 할 길이 멀고도 먼데, 이 경험들을 토대로 교훈을 삼고 힘차게 살아가기를 곁에서 기도로 응원하며 그저 바라볼 뿐이다.

11

아들, 하버드 경영 대학원 (M.B.A.)에 가다

아들은 미국 전역에 흩어져 있던 사업체와 뉴욕에 있는 모든 사업체를 정리하고는 공백 기간을 가지게 되었다. 긴 인생 여정을 살아가면서 젊은 시절엔 피곤함도 모르고 쉴 틈 없이 살아가고 앞으로도 그렇게 계속해서 인생의 여정을 엮어 나가겠지만, 잠깐 쉼표를 찍고서 자신만의 충전의 시간을 갖고 생각하는 것도 필요하다고 판단하였다. 엄마로서 아들 녀석이 창조주 하나님을 더 많이 묵상하면서 자기 자신을 하나님께 맡기는 삶이 되기를 바랄 뿐이었다. 나는 가끔씩 쉴 틈 없이 일만 하는 아들에게 물어보았다.

"언제 결혼할 거니?"

아들의 대답은 언제나 결혼과는 거리가 멀었다.

"엄마, 나는 일과 결혼했어요."

그리고는 하는 말이 "내가 아빠를 닮아서 그래요" 하며 웃는다.

아들은 언제나 아빠가 열심히 일하는 것을 보았기 때문에 그렇게 말하는 것이었다. 그럴 때마다 나도 웃으면서 말했다.

"그래, 맞아, 똑같다. 너도 아빠를 닮았어. 일을 위해 태어난 사람들이지."

앞만 보고 달리며 일만 하는 아들은 영화속 주인공이 되어 영화의 제목인 '질주'와도 같은 삶을 살아왔다고 할 수 있다. 그러나 그 선택에 후회하지 않았고 실패를 통해 많은 깨달음을 얻고 자기를 돌아보게 되었으니 더욱 성숙해져 가는 과정이었다고 나는 믿는다.

아들은 그렇게 쓰라린 경험을 얻고서, 창업을 접고 더욱 성숙한 모습으로 마음의 여유를 갖게 되었고 결혼도 하게 되었다. 한 번 두 번 넘어져도 언제나 오뚝이같이 우뚝 일어서는 인생에게는 실패가 오히려 성공의 지름길이 된다고 믿는다. 계속 열망의 꿈을 품고 매진하고 있는 아들에게 남편과 나는 용기를 주고 싶었다.

"조셉, 이 기회에 경영대학원에 가면 어떻겠니? 사업을 경영하는 법을 알아야 하지 않겠어? 아직도 배울 수 있는 기회가 많고 나이도 젊으니까 충분히 할 수 있을 거야. 한 번 생각해 보렴."

아들은 당장에는 별 말이 없었으나 싫지는 않은 모양이었다. 아무튼 쉬고 있는 이 기간을 잘 활용하는 것도 좋은 기회라고 생각되었다. 그동안에 경험한 것을 토대로 경영을 배우게 되면 그만큼 아는 것이 힘이 된다고 강권했더니 아들은 순순히 받아들였고, 드디어 하버드 경영대학원(MBA)에 지원하여 합격하게 되었다. 남편도 대학교 때에 경영학을 공부했었고, 미국에 와서 이것저것 사업을 하다 보니 많은 것을 터득하게 되었기에 아들에게 바르게 조언해 줄 수 있었던 것이다.

아들은 그렇게 2년간 대학원을 다녔는데, 그후에 여러 대학교에서 강의 요청이 들어와 자신이 경험한 것들과 생각하는 것들을 강의하러 다니게 되었다. 대학원을 졸업한 후 여러 회사에서 오라는 요청도 받았었는데, 아들이 선택한 곳은 빌 게이츠 회사인 'MS' (Microsoft)였다.

시애틀에 있는 본사에 들어가 1년 정도 일했을 때, 한국에 있는 지사의 매니저로 가겠느냐는 요청을 받았지만, 아들은 곧바로 답변하지 않고 먼저 남편에게 조언을 구했다. 남편은 아들이 한국 사회를 잘 알지 못하고, 한국말을 못하기 때문에 가지 않는 것이 좋겠다고 말해 주었다.

그 후에 아들은 MS를 그만두고 '아마존닷컴'(Amazon.com)으로 직장을 옮기게 되었다. 나는 안타까워서 왜 직장을 옮겼느냐고 물어보니 아들의 말이 걸작이었다.

"MS는 내가 할 일이 없어요. 아마존닷컴은 내가 코즈모 닷컴 (Kozmo.com)을 운영할 때 투자를 많이 해주었기 때문에 의리상 내가 가서 일해 주어야만 해요."

참 별난 아들이었다. 모두가 선망하는 직장인 MS를 나오다니, 우리는 이해할 수가 없었다. 아들은 아마존닷컴에 들어가서 인터넷 창업을 해주었는데, 'Askville'과 'Now Now'를 창업하여 열심히 일하고 있다는 소식을 전해왔다. 험한 세상 물결 속에서 건져주신 아들이었기에 하나님의 은혜가 얼마나 큰지 나는 늘 감사 드리고 있다. 그리고 때때로 아들에게 말하곤 한다.

"아들아, 너는 항상 하나님께 감사하고 살아야 해. 너의 너 된 것은 모두가 하나님의 은혜야. 잊지 말고 늘 감사하며 기도할 때 더 큰 은혜를 주신단다."

아들은 자기의 지난 모든 것을 기억하고 있기에 엄마의 조언에 늘 순응하며 "네" 하고 대답하곤 한다.

언제나 쉴 틈 없이 바쁘게 지내는 아들이기에 이따금씩 주일에만 전화를 걸어본다. 다행히 전화를 받으면 반가워서 이야기를 하는데 가장 먼저 확인하는 것은 "오늘 주일날인데 너희들 교회에 갔다 왔어?"이다. 교회 가서 예배를 드리고 왔다는 말에 늘 안심을 하고 있지만, 아직도 험한 세상 풍파를 이기고 나갈 믿음이 연약하기에, 우리 부부는 하나님께 자녀를 위한 기도의 끈을 늦추지 않고 있다.

어느 때는 아들애가 뉴욕에 있는 유명한 존더반(Zondervan, Bible Getaway) 기독교출판사에서 인터넷에 관한 파트를 맡아 책임자(president)로 일하게 되었다. 남편은 아들이 성경을 가까이할 기회라고 생각하며 더없이 좋아했다. 그리고 전화할 때마다 강조했다.

"이제는 기독교 계통의 기업에서 일하게 되었으니 성경을 더 많이 읽어야 하고 기도도 더 많이 해야 한다."

졸업식에서 아들과 함께

하버드 MBA 대학원을 졸업함

　아빠가 늘 이런 말을 해줘서인지 아들은 출근하는 버스 속에서도 핸드폰을 켜놓고 성경 말씀을 읽었다는 말을 하곤 하였다. 지나간 시간들을 뒤돌아보면서, 여러 가지 힘든 과정을 통해 아픔의 시간들을 뒤로 하고, 아들애가 세상적으로나 신앙적으로 많이 성장하고 있음을 깨달으면서 내 마음속에는 언제나 하나님께 대한 감사와 기쁨이 넘쳐나고 있다.

12

눈물 짓는 아버지

　　하나님께서는 하나님의 자녀가 아버지의 말씀을 준행할 때 얻게 되는 복에 관해 말씀하시며 이렇게 약속하셨다.

> "곧 너를 사랑하시고 복을 주사 너를 번성하게 하시되 네게 주리라고 네 조상들에게 맹세하신 땅에서 네 소생에게 은혜를 베푸시며 네 토지 소산과 곡식과 포도주와 기름을 풍성하게 하시고 네 소와 양을 번식하게 하시리니"(신 7:13).

　　하나님의 백성들을 위한 이 말씀은 공중에 뜬 허황된 약속이 아니고, 진실로 끝까지 이루어 주신다는 것을 내 삶을 통해 경험하게 되었다. 성경 속에 나오는 수많은 주의 신실한 종들은 이 약속의 말씀을 붙잡고 오직 믿음으로 살았기에 약속대로 복을 받은 사람들이다. 말라기 3장 10절에 이런 약속의 말씀이 있다.

"만군의 여호와가 이르노라 너희의 온전한 십일조를 창고에 들여 나의 집에 양식이 있게 하고 그것으로 나를 시험하여 내가 하늘 문을 열고 너희에게 복을 쌓을 곳이 없도록 붓지 아니하나 보라."

십일조에 대한 하나님의 약속의 말씀이다. 처음엔 내 믿음이 연약했고 이 말씀을 깊이를 알지 못했었다. 그러나 복을 받기 위해 하겠다는 생각을 하지 않고 비록 힘들고 어려운 형편이었지만, 하나님 말씀에 순종할 마음을 주셨기 때문에 항상 하나님께 십일조를 드릴 수 있었던 것이다.

우리 가정을 이 미국 땅에까지 오게 하신 것은 전적인 하나님의 계획이요, 하나님 은혜였다. 가진 것도 없이 무작정 빈손으로 미국까지 왔지만, 지금까지 궁핍하지 않게 해주셨고 늘 부족함없이 채워 주셔서 어려운 이민 생활에서도 언제나 잘 극복하게 해주셨다.

토지 소산과 곡식과 포도주와 기름을 항상 공급해 주셨고, 이제는 남부럽지 않은 복과 은혜를 허락하셨다. 또한 아들딸에게도 은혜와 자비를 베풀어 주셔서 이제는 든든한 믿음의 자녀들이 되게 하셨다. 이 모든 것이 약속을 지켜주시는 신실하신 하나님 아버지의 은혜와 섭리였다.

탕자와도 같았던 우리 아들을 돌아오게 하셨으며, 그를 다시 일으켜 주시고 세워 주셨으니, 꺼져 가는 등불도 끄지 않으시는 주님의 사랑과 은혜를 절실히 깨닫게 된다. 아들이 처음으로 벤처 사업을 창업하면서 많은 어려움과 역경, 수고를 거쳐 땀을 흘리며 고난의 길을 계속 걷고 있는 것을 보기도 했다.

처음 사업하는 장소에 방문했을 때가 기억난다. 어두컴컴한 지하실 공간에서, 더구나 앞뒤가 트여 있고 다듬어지지 않은 울퉁불퉁한 돌들이 솟아 있는 곳에서, 천 조각 하나로 막을 쳐놓아 밖으로부터 들어오는 찬바람을 겨우 막고 있던 그 사무실에서, 먹고 자고 일하며 겨우 한 끼로 배를 채우면서 사업을 하겠다고 나선 아들을 보았을 때, 내 아픈 마음은 이루 말할 수 없었다. 집에서 뉴욕까지 오고 가기도 쉽지 않았기에 자주 가서 볼 수도 없는 상황이었다.

어느 추운 겨울에 모처럼 시간을 내어 뉴욕을 방문했는데, 가뜩이나 열악한 환경에서 일하는 아들의 모습을 보며 더욱 마음이 아팠다. 그런데 아들이 물건을 배달하러 모터싸이클을 타고 아파트로 나간다는 얘기를 듣고, 남편의 마음이 안타까웠는지 도와주겠다며 아들에게 말했다.
"네 짐을 다 아빠 차에 실어. 나랑 같이 가자."
괜찮다고 극구 사양하는 아들에게 막무가내로 우겨서 같이 나섰다. 단지 몇 시간만이라도 도와주고 싶은 마음에 뉴욕 중심가에 있는 아파트들을 돌고 돌았지만, 어려운 형편에 있는 아들의 고충만 더 느끼고 돌아오게 되었다. 부모로서 마음이 안타까워 전전긍긍하며 아들의 앞일이 걱정되었지만 아들은 늘 자신만만한 태도였다.

'왜 이 녀석은 이렇게 어려운 길로만 가려고 할까? 그 좋은 직장도 제 발로 걸어 나오고 말이야.'

나는 도무지 이해가 되지 않았지만, 하나님께서는 언제나 함께하시며 그 아들을 이끌어 가셨다. 때로는 평탄한 길이 아닌 고난의 길로 이끄셨고, 사업이 번창케도 하셨으며, 또 사업의 실패라는 쓴맛도 경험하게 하셨다.

성경 말씀이 떠올랐다.

아버지 야곱의 사랑을 듬뿍 받고 자란 요셉이, 형들의 질투와 시기로 인해 부모 형제들을 떠나 멀고 먼 애굽에 종으로 팔려갈 때에 아무리 외쳐 보아도 형들은 돌아보지 않았다. 가련한 요셉은 노예 신분에서 감옥살이까지 하는 고난의 길을 연속으로 걸었지만, 오직 믿음으로 하나님만 바라보며 불평없이 그 고난과 고통을 이겨가며 참고 견디었다. 하나님께서는 언제나 요셉과 함께하셨고, 때가 되어 드디어 형통한 복을 허락하셔서 마침내 요셉은 애굽의 총리가 되었다.

하나님의 생각은 우리의 생각과 다르다고 말씀하신다. 그리고 그분은 능력이 무한하신 내 하나님 아버지시다. 몇천 명의 종업원들을 거느리며 사업을 이끌어 가던 그 당당한 기세가 꺾어지고, 두 어깨가 축 늘어지고 힘이 빠진 아들에게 가까이 가서 이때인듯싶어서 한마디했다.

"조셉, 기운 내라. 너의 길을 하나님께서 인도하신단다. 그 길이 이제부터야, 알겠니?"

아직 믿음이 없는 아들인지라 듣는 기색도 없이 무반응이었다. 그러나 성령님의 인도하심으로 아들의 마음속에 무엇인가 감동하심이 있을 거라고 생각되었다. 우리 부부가 늘 아들을 위해 기도하고 있기 때문에 당장에 어떤 일을 이루어 보여주시지는 않을지라도, 하나님께서 분명히 함께해 주실 거라고 확신했다. 그리고 실패를 통해 많은 것을 경험하게 하시고, 그 경험을 통해서 하나님께서 훈련시키신다고 생각하였다.

그 모든 과정을 거치면서, 아들은 예수님께 점점 더 가까이 가게 되어 우리는 기쁘게 생각하며 기도의 응답이라고 믿고 감사를 드리고 있다.

이제 아들은 두 딸(Callisaa 와 Noa)의 아빠가 되었고, 한 가정의 가장으로서 책임을 느끼며 대기업(MATTEL INC.)의 부사장으로 일하는 기회도 주셨으니, 이 어찌 하나님의 은혜가 아니고 무엇이란 말인가!

전도서에 이런 말씀이 있다.

"헛되고 헛되며 헛되고 헛되니 모든 것이 헛되도다."

이 세상 부귀영화를 얻고 성공하였다 할지라도 하나님 없는 삶은 헛된 영광만 구할 뿐이다. 진정으로 주님을 의지하며 주님만 바라볼 때에, 이 세상에서 비록 실패했을지라도 기쁨으로 살아가는 인생이 되는 것이다. 고난의 과정에서도 끝까지 하나님을 경외하는 믿음으로 이겨나가 애굽의 총리가 된 요셉처럼, 우리 아들이 하나님만을 기쁘시게 하는 형통한 삶을 살기를 바라는 것이 우리 부부의 기도 제목이다.

하나님은 참 좋으신 아버지이시다. 인간들에게 복을 주시기 위하여 구원의 은총을 베풀어 주셨고, 말씀을 통해 약속하시는 신실하고 진실하신 하나님이시다. 그런데 이를 깨닫지 못하고 하나님을 찾기보다는 헛된 우상을 더 가까이하면서 교만과 어리석음에 빠져 있는 사람들이 얼마나 많은지 모른다. 아무리 외치고 들려주어도, 귀가 있어도 듣지 못하고 눈이 있어도 보지 못한다고 주님은 말씀하셨다. 이렇게 본성이 부패한 인간들의 악한 모습 속에서 이 세상은 날로 황폐해 갈 수밖에 없는 것이다.

하나님 아버지께로 돌이키지 않는 완악하고 강퍅한 심령의 인간들을 굽어 보시고 한탄하시며 한없이 눈물을 흘리고 계실 아버지의 마음을 그려 보았다. 예수님도 인간의 몸을 입으시고 이 땅에 오셔서 때로는 눈물을 흘리셨다고 성경은 말씀하고 있다.

히브리서 5장 7절 말씀에도 죄 많은 인간들을 보시고 "심한 통곡과 눈물로 간구와 소원을 올렸고"라고 하셨다. 예수님의 이러한 모습은 죄 많은 인류를 향하신 진정한 사랑의 눈물이 아니겠는가! 예레미야 선지자도 눈물의 선지자라고 불릴만큼 이스라엘의 멸망을 바라보며 눈물로 호소하며 외쳤었는데, 그 눈물도 역시 아버지의 눈물, 아버지의 사랑, 그 자체였음을 보여주고 있다. 또 다윗은 어떠

했는가.

시편 기자는 다윗이 범죄하고 자기의 죄를 깨닫게 되어 회개하며 흘린 눈물이 침상을 띄울 정도라고 했으니, 정말로 아버지의 마음을 이해하는 애달픈 눈물이었을 것이다. 지금도 하늘 보좌에 앉아서 이 세상을 바라보시고 눈물짓는 하나님 아버지의 사랑을 온몸과 맘으로 느끼면서, 연약하고 부족한 나에게도 눈물을 주신 것이 이러한 하나님 아버지의 본성을 닮았기 때문이 아닐까 생각해 본다. 보통으로 흘리는 눈물이 아닌, 절박한 마음으로 진실되게 흘리는 눈물 속에는 아버지의 마음이 담겨 있으며, 그 눈물이 주님의 사랑을 느끼게 해주는 진정한 사랑의 눈물이라고 나는 믿는다.

'아버지, 사랑해요! 예수님, 사랑해요! 성령님, 사랑해요!'

나는 온전한 마음과 온전한 영으로 찬양하며 주께 영광돌리는 삶을 통해 진정 주님을 닮아가고 싶다.

13

평탄한 길을 걸어온 딸

딸아이의 이야기를 하고자 한다. 딸 유
니스(Eunice)는 어렸을 때부터 우리 부부에게 아무런 걱정도 끼치지
않고 잘 자라주었다. 언제나 학교 생활에도 적응을 잘하며 부모의
잔소리없이 무엇이든지 스스로 열심히 노력하여 모범생으로서 고
등학교를 졸업했고, 여자 대학으로 유명한 웰슬리(Wellesley)대학에 입
학하게 되었다.

여섯 살 때부터 피아노를 가르쳤더니, 꾸준히 연습하여 대학교에
입학할 때는 피아노 연주를 녹음해서 보내기도 하였다. 그러나 음
악에는 아들과 딸 모두 재능이 없어 보였다. 아들은 바이올린을 한
두 번 배우다가 영 손을 떼고 말았고, 딸도 대학교에 들어간 후로
는 손을 놓는지 도무지 피아노 치는 것을 다시 보지 못했다.

우리는 딸에게 많은 관심을 주지 못하고 돌아볼 겨를도 없이 바

쁘게 생활했지만, 딸아이는 나름대로 자기의 길을 차분히 잘 가고 있었다. 생활이 분주하고 늘 피곤하기도 했지만, 학교가 보스턴에 있는 관계로 너무 먼 거리라서 학교 기숙사를 방문해 볼 틈도 없었다.

그래서 어느 때는 특별한 날을 정하고 딸아이를 방문하게 되었고, 딸이 출석하는 보스턴 장로교회에 가서 예배도 드렸다. 딸은 교회 밴을 운전하면서 학생들을 픽업하는 봉사도 하면서 교회 생활을 열심히 하고 있었다. 이렇듯 딸은 4년간 모든 일에 즐거운 마음으로 학교 생활과 교회 생활을 잘 감당하다가 대학을 졸업하게 되었다.

웰슬리(Wellesley)대학 졸업식에서

남편은 대학을 졸업한 딸이 직장을 갖는 것보다는 더 공부할 수 있는 길을 열어 주고 싶어서 이렇게 권유하였다.

"얘야, 대학원에 가고 싶으면 원하는 곳에 지원해 보거라."

딸은 아빠의 말에 고마워하며 필라델피아 시내에 있는 유펜에 가겠다고 말했다.

"그럼, 어느 과에 가고 싶니? 너는 무슨 공부를 더 하고 싶은 거야?"

아빠의 묻는 말에 딸은 말했다.

"아빠, 나는 도시계획학과에 가고 싶어요."

"뭐라고? 도시계획학과라구? 여자가 무슨 도시계획학과를 간다구… 아이고, 거긴 여자가 직장도 얻기 힘든 학과야."

딸아이의 선택이 못마땅한 남편은 다른 과에 갈 것을 설득하였다. 그러나 딸에게는 직장이 문제가 아니었다.

"아빠, 다른 학과에는 가고 싶지 않아요. 주의 일을 하려면 건축이 필요해요."

딸의 고집스런 대답에 남편은 할 말을 잃었다. 주님의 일이라고 못 박아 말하니 더 이상 아무 말도 할 수가 없었던 것이다. 딸이 고등학교 때에 처음으로 멕시코로 단기선교를 갔었는데, 그때 뭔가 보고 느낀 것이 많았던 것 같다. 굳이 말리는 아빠의 조언에도 아랑곳하지 않고 도시계획학과에 지원을 했고 합격을 했다.

이렇게 해서 2년 대학원 과정을 다니는 동안에 프랑스 파리로 1년간 연수도 가게 되었다. 그런데 딸을 혼자 유럽에 보내려니 걱정이 되어서 딸이 지낼 아파트도 구할 겸 우리도 같이 따라나섰다. 프랑스 파리는 언젠가 결혼 전에 한 번 여행한 적이 있어서 나에게는 생소하지 않은 도시였다.

우리는 비행기를 여러 번 갈아타고서야 파리에 도착하였고, 딸애가 공부할 학교도 찾아가서 보았다. 거주할 곳은 학교 기숙사였는데, 현대식 건물이 아닌 옛날 건물 양식으로 지어져서 대단히 웅장해 보였고, 돌담으로 되어 있어 기숙사의 분위기가 좀 색다른 느낌이었다. 우리는 바로 그곳에 머물기로 결정을 하고서 모든 절차를 끝낸 후에 파리 시내를 구경하고자 택시를 타고 한 바퀴 돌았다.

오래전에 내가 처음으로 이곳에 관광왔을 때와 크게 달라진 것은 없었지만, 그때의 느낌과는 조금 다른 분위기였다. 파리 시내의

딸이 프랑스 연수 갔을 때 에펠탑 앞에서

파리 개선문 앞에서 딸과 같이

심장부를 흐르고 있는 세느 강물은 여전히 유유히 흐르고 있었고, 무엇인가 낭만에 젖어 있는 강변에는 산책하는 사람들로 붐비고 있었다.

하늘로 높이 치솟은 에펠탑에는 관광객들이 오르락내리락하며 쉴 새 없이 움직이는 모습도 보였다. 주변에서 사진을 찍는 관광객들을 보니, 마치 이 세상 온 인종들의 전시장과도 같았다. 거의 30년 만에 오게 되었어도 과연 파리는 변함없는 예술의 도시였다.

우리는 이틀밤을 보낸 후 딸아이를 혼자 남겨놓고 곧바로 미국으로 돌아와야 했기에 많이 아쉬웠다. 하지만 한가하게 머물 수 있는 형편이 아니었다. 가게들을 돌아보아야 했기 때문에 그곳에서 아이가 1년 동안 잘 배우며 건강하게 지내기를 바라면서, 우리 부부는 아쉬움을 뒤로한 채 다시 미국으로 향하는 비행기에 몸을 실었다.

이렇게 해서 딸은 2년 과정의 대학원을 졸업하고 필라델피아 시에 있는 직장을 갖게 되었고, 시외에서 시내까지 날마다 기차를 타고 출근하며 일하게 되었다. 선교에 많은 관심이 있었던 딸은 'Urban Ministry' 잡지에 글도 썼으며, 웨스트민스터(Westminster) 신학교에서도 1년간 수학하였다. 그 후 결혼하고서 직장을 그만두게 되었는데, 하나님께서 다시 일할 수 있는 기회를 주셨다.

어느 날, 딸이 집에 와서 이렇게 말하는 것이었다.
"엄마! 나 다시 일할 건데 어떻겠어요?"

나는 뜻밖의 말에 다시 되물었다.

"어떤 일을 할 건데?"

"커뮤니티센터인데 웨스트민스터 신학교 교수님이 이곳에 와서 도와주면 좋겠다고 하셨어요. 괜찮겠지요?"

나는 가슴이 탁 트이는 듯한 느낌이 들었다.

"그럼! 네가 하고 싶으면 일하는 것도 좋지."

딸은 다시 말했다.

"아이들이 아직 어리니까 풀타임은 못하고 파트타임으로 일할 거에요."

그동안에 유니스는 두 딸을 낳았는데, 둘째 아이 때문에 심적으로 많은 고통이 있었다. 그러나 이제는 아이가 어느 정도로 컸고 마음의 여유도 갖게 되어, 집에만 있는 것보다 기회가 왔을 때 사회활동을 하는 것도 좋겠다고 생각되었다. 나중에 알게 되었는데, 그곳은 복음 전파와 함께 좋은 일을 많이 하고 있는 기관이었다.

'Spirit & Truth Fellowship Church in Philladelpia' 교회의 Mannvel Ortiz 목사님의 따님인 Vasquez 여사가 필라델피아 시 근처에서 다민족이 사는 가난한 지역에 학교와 'Ayuda Community Center'를 세워서 그 지역 아이들에게 많은 도움을 주고 있었던 것이다. 그래서 딸은 함께 일하기로 결정하고 커뮤니티센터에서 파트타임으로 일하다가 나중에는 그곳 매니저로 일하게 되었다.

생활이 어려운 아이들을 방과 후에 보살피며 도와주는 커뮤니티센터가 그 지역을 변화시킬 것이라는 기대와 희망으로 우리도 작은 정성이나마 도우며 기도하게 되었다. 선교의 비전을 품고 있는 딸이 작은 일이지만 이렇게 쓰임받게 된 것이 참으로 감사했다.

선교지는 어느 곳이든 있기 마련이다.

열방으로 부름받은 자는 열방으로 나아가야 하고, 이외에도 사역자나 선교사로 부르시는 곳은 어디든지 있다. 미국 내에도 복음의 불모지가 너무 많다. 이 땅에 우리를 보내주신 것도 하나님의 섭리 가운데 이루어졌음을 믿는다. 이 미국 땅에 뿌리를 내리고 사는 믿음의 이민자들이 이 땅을 변화시키고, 나아가서 하나님 나라를 이루어 가기를 소망하며 항상 기도하고 있다.

그동안 평탄하게 걸어왔던 딸의 인생에 결혼과 함께 어려움이 찾아왔다.

결혼 후 낳은 첫 딸 엘리슨(Elison)은 큰 문제 없이 잘 자라 주었는데, 둘째 딸 나오미(Neomi)는 태어나서부터 말할 수 없는 건강상의 고통을 겪으면서 딸아이가 온갖 수고와 정성으로 보살펴야만 했다. 그러나 나는, 나오미에게 고난의 아픔을 겪으며 자라야 했던 힘든 성장과정이 있긴 했지만, 하나님의 긍휼하심과 자비하심으로 이 어린 딸을 회복해 주셨음에 늘 감사하고 있다.

나오미는 12월 24일 아침에 이 세상에 태어났다.

모두가 한창 성탄절 분위기에 들떠서 온갖 선물을 준비하고, 성탄절 캐롤송이 울려 퍼지는 가운데 예수님이 오심을 모두가 기뻐하며 준비하던 때였다. 눈이 커다랗고 동그란 예쁜 딸을 주셔서 새 가족으로 인해 또 한 번 우리 모두가 기쁨으로 가득 찬 성탄을 맞이하게 되었다.

그런데 태어난 지 한 달이 가고 두 달이 가도 아기가 먹는 것이 시원치를 않았고, 상대적으로 활동량이 적어서 성장이 더디다는 것을 느끼게 되었다. 하루는 토하며 경련을 일으켜서 급하게 병원 응급실로 갔다는 연락이 왔다.

검사 결과, 한쪽 뇌에 이상이 있다는 진단이 나왔다. 깜짝 놀라서 필라델피아 시에 있는 제일 큰 어린이병원으로 옮겨가서 정밀검사를 받았지만 결과는 똑같았다. 우리 모두가 충격을 받고 병원으로 달려갔지만 아무 도움도 줄 수가 없었다.

어쩔 수 없이 우리는 나오미를 위해서 안타까운 마음으로 하나님께 나아가 울부짖으며 기도하기 시작했다. 할 수 있는 것이라고는 오직 하나님만 의지하여 주님께 간구하며 기도하는 것뿐이었다.

"하나님, 우리 나오미를 불쌍히 여겨 주세요. 하나님께서 이 세상에 태어나게 해주셨으니, 예쁜 우리 손녀딸을 주님의 사랑으로 어루만져 주셔서 아프지 않고 정상적으로 잘 자라게 해주세요. 하나님, 도와주세요."

우리 부부는 손녀의 가엾은 그 모습을 보며 주님께 날마다 호소하며 눈물로 간절히 기도했다. 나오미는 병원에 얼마동안 입원해 있다가 퇴원하여 집으로 돌아오게 되었다. 집에 돌아온 후부터 나오미를 향한 딸아이의 정성과 고통은 이루 말할 수 없었다.

나오미는 알러지가 심해서 음식을 함부로 먹이지도 못했고, 유아용 우유를 대신해서 두유를 먹었다. 잘 먹지도 않았을뿐더러 무엇이든지 입에 넣는 것을 싫어했기 때문에 성장 발육이 몹시 더디었다. 한 살이 되었는데도 우유와 계란 제품이 들어간 음식을 먹으면 알러지로 온 몸에 두드러기가 나서 괴로움을 겪는 것을 보면서 너무나 안타까웠다. 어린 아기가 본능적으로 자기 문제를 스스로 알고서 음식 먹는 것 자체를 꺼려했기 때문에, 엄마의 세심한 관찰과 주의가 늘 필요했고 많은 신경을 써야만 했다. 이렇게 나오미는 한 살이 되고 두 살이 되었지만 나아지는 징조를 보이지 않아 우리의 마음은 더욱 괴로웠다.

그러나 나는 주님이 이 어린 딸을 포기하지 않으시고 끝까지 사랑하신다는 확신이 오기 시작했다. 그런 가운데 세 살 때부터는 조금씩 건강에 변화가 생기기 시작하였고, 많은 어려움 가운데서도 하나님께서 늘 나오미를 지켜주심을 느낄 수 있었다. 나오미는 조금씩 성장해 가면서 총명함도 함께 엿볼 수 있게 되었는데, 나는 늘 나오미를 위해 하나님께 부르짖었다.
"오, 주여! 감사합니다. 불쌍한 우리 손녀를 살려 주옵소서."

우리 부부는 나오미가 여섯 살 때까지 알러지로 고생하는 손녀를 위해 매일매일 쉬지 않고 기도의 제단을 쌓았다. 나는 일주일에 한 번씩, 손녀들이 학교에서 집으로 돌아오는 시간에 맞춰 스쿨버스에서 내리는 지점까지 마중을 나가, 직장에서 돌아오는 딸을 기다리면서 손녀들과 함께 놀아주기도 했다. 한번은 식사 시간에 같이 기도하면서 노래로 한국말 가사를 붙여서 식사 기도를 가르쳐 주었더니, 그 후로는 식사 때마다 잊지 않고 손을 모아 기도하는 모습이 마치 아기 천사들과도 같았다.

나오미가 4살 때의 일이었다.

우리 집에 딸아이와 함께 두 손녀들이 방문했는데, 마침 아시는 목사님이 방문하셨기에 손녀들을 위한 기도를 부탁드렸다. 목사님의 간절한 기도가 끝난 후에 다시 나오미에게 기도를 시켰더니 가냘픈 목소리로 주저없이 기도를 하는데, 영어로 막힘 없이 길게 기도하는 것을 보고서 모두들 깜짝 놀랐던 일이 있었다.

이렇게 나오미는 전적인 하나님의 보살핌과 은혜 가운데 성장해 가면서, 일곱 살이 되었을 때부터는 우유와 계란도 조금씩 먹게 되었다. 이 모든 것이 하나님의 사랑과 은혜가 아니면 무엇이겠는가.

갓난아기 때부터 남달리 성장 발육이 더뎌서 걱정했던 일들, 커가면서부터는 두려움이 많은 겁쟁이에, 자기 마음에 조금만 거리끼는 것이 있으면 울음부터 터뜨리던 모습들, 심한 알러지와 두드러기로 인해 늘 이 할머니의 가슴을 아프게 했던 일들….

뒤돌아 생각해 보면, 나오미로 인해 마음 쓰며 기도했던 시간들

아들딸 내외와 손녀들과 함께

이 우리 가족을 사랑하셔서 신앙적으로 성숙하도록 훈련하신 하나
님의 섭리였음을 고백하게 된다. 이렇게 매사에 울보였고 소극적이
었던 나오미가 키가 자라가면서 제법 명랑해졌고 친구들과도 잘 어
울리는 예쁜 아이로 자라가고 있다는 것이 기적이었다.

　때로는 곁에서, 때로는 멀리서 지켜보고 있는 이 외할아버지와
외할머니는 이제는 나오미가 잘 뛰어놀고 건강하게 된 것이 너무나
기쁘기만 하다. 그렇게 나오미는 우리 기쁨의 간증이 되었다. 우리
부부는 지금도 손녀들을 위한 기도를 쉬지 않고 있으며, 그 아이들
로 인해 하나님께 찬양드리며 영광을 올려드리고 있다.

제3부

하나님의 놀라운 은혜와 섭리 가운데

1

하나님의 사랑을
일찍 체험한 남편

      결혼하고 나서 평범한 주부로 생활하고 있던 어느 날, 손님들을 맞이하고 있을 때였다. 나는 손님들 접대로 정신없이 분주한 가운데 있었는데, 남편이 손님들과 이야기하는 도중에 간단하게 자기 신앙 체험을 나누는 것 같아서 내 귀가 솔깃해졌다.

"저는 중학교 3학년 때 주님을 만났고, 그 후에 한때는 성령으로 충만한 때도 있었지요."

그리고는 더 이상 자세한 내용은 말하지 않고 다른 데로 화제를 돌려서 얘기를 계속하는 것이었다.

'어머나, 남편에게 그런 신앙 경험이 있었다니!'

나는 처음 들어보는 그의 지나가는 듯한 짧은 간증에 궁금증이 생겨서 손님들이 다 가시고 난 후에 다시 물어보았다.

"여보, 조금 전에 당신이 어릴 적에 이미 주님을 만났다고 했는데, 왜 지금까지 나한테는 아무 말도 하지 않았어요? 어디 그 얘기 좀 더 자세하게 말해 줄 수 있어요?"

나는 전혀 몰랐던 사실에 놀라웠고, 마음속에 감동이 되면서 남편의 생생한 신앙 체험담을 듣고 싶고, 또 전하고 싶다는 생각이 들어서 그에게 간청하였다. 남편은 나의 요청에 응하여 주님을 경험한 일에 대해 옛 기억을 더듬으며 들려주었다.

남편은 먼저 세월은 유수같이 흘러서 믿음의 주요, 온전케 하시는 하나님의 섭리에 의해 지금까지 그리스도 안에서 살아온 것이 전적인 하나님의 사랑과 은혜였다면서, 감사함으로 하나님께 영광을 돌렸다. 나 역시 이러한 남편의 생각에 같은 마음으로 감사하면서 그의 신앙체험을 귀하게 여겨왔다.

다음은 남편 박종현 장로의 신앙체험의 간증이다.

『나는 1940년, 농촌 정읍의 시골 마을에서 7남매 중에 막내로 태어났다. 키가 자라고 마음도 성숙되어 가는 가운데 1945 년, 일본의 식민지 통치로부터 조국이 해방을 맞이했고, 초등학교 5학년 때에는 북조선 인민군의 무자비한 만행과 빨치산의 횡포, 그리고 그와 더불어서 황폐한 환경 속에서 무수한 살인 행위를 두 눈으로 직접 목격하면서 자라났다.

중학교에 입학한 후에 친구들의 권유로 교회에 출석하게 되었는데, 강단 앞에서 찬양을 인도하시는 집사님이 "예수 사랑하심 성경에 써있네" 하면서 너무나 열정적이고 즐겁게 찬양을 부르시는 모습을 보면서 왠지 모르게 감동이 되었다. 그리고 교회에 나가면 교회 시설물을 통해서 여러 가지 운동을 하면서 또래 친구들과 교제하는 즐거움이 컸고, 아울러 마음에 평안함을 느낄 수 있었다.

중학교 2학년(1953년) 때에 교회에서 부흥집회가 열려서 나도 덩달아 열심히 참석했었는데, 옆의 친구들이 방언도 하고 입신도 하면서 은혜의 증거가 여러 가지 형태로 나타나는 모습을 보게 되었고, 한편으로는 의문도 생겼다.

'왜 나한테는 이러한 체험들이 나타나지 않을까?'

의아한 마음과 함께 예수님을 만나고 싶다는 간절한 소망이 불일듯 일어났다. 부흥회가 끝난 후에 성령님이 나의 이런 마음을 아시고는 강하게 역사하심으로써 기도해야겠다는 생각을 주시며 강권적으로 이끄셨다. 그래서 학교가 끝나면 집으로 가야 할 발걸음을 교회로 향하게 하셔서 기도하게 되었고, 아무도 없는 밤에도 혼자 교회 마룻바닥에 엎드려 매일같이 기도하게 되었다.

이렇게 6개월 동안을 계속 기도하던 중에 하루는 엎드려 기도하는 나에게 예수님이 찾아오셔서 어루만져 주셨고, 위에서 이슬비가 내리는 듯이 온 몸으로 성령님의 임재를 느끼게 되었는데, 이상하게도 어디선가 새소리 같은 것이 들려오는 것이었다. 그리고는 마치 천사들의 찬양소리와도 같은 찬양을 듣는 가운데, 문득 눈을 떠보니 한밤중이었다.

놀라서 주위를 살펴보니, 내 무릎 앞에는 많은 피가 흘러서 마룻바닥이 붉게 물들어 있었고, 얼굴은 눈물 콧물로 뒤범벅이 되어 있었다. 그런데 내 마음엔 이유를 알 수 없는 기쁨이 끊임없이 샘솟아났고, 내 입술에서는 감사 찬송이 터져나왔다.

어느새 "성령이 계시네, 성령이 계시네" 하면서 성령의 충만함 속에서 기쁨으로 찬양하고 있는 나 자신을 발견하게 되었다. 한밤중에 고요했던 교회 안은 나의 찬양소리로 가득 차서 울려퍼지고 있었다. 그 후로 나는 기쁨 가운데 철야기도와 새벽 기도를 열심으로 참석하게 되었다.

이렇듯이 하나님의 섭리 가운데 친구들의 권유로 신앙 생활을 시작하게 되었는데, 내가 섬기던 교회는 참혹했던 민족상잔의 6.25 전쟁이 끝난 후 휴전상태가 되고 얼마 되지 않았을 때, 빨치산들이 내려와서 불을 질러 그만 잿더미가 되고 말았다. 그래서 겨우 비를 가릴 정도의 판자로 지은 임시 건물에서 예배를 드리고 있었다.

그리고 얼마 지나지 않아 교회의 재건축이 시작되는 과정에서 성도들의 헌신적인 기도와 봉사가 이어졌다. 나도 동참하고 싶은 마음에 방과 후에 교회에서 기도를 마치고 나서는 성전 건축에 필요한 재료들을 운반하게 되었다.

석축 건물인지라 석공들이 돌을 다듬어서 돌 하나하나를 쌓아갈 때마다 물을 뿌려야 되는데, 이 작업을 교회 건축이 끝날 때까지 쉬지 않고 매일 하게 되었다. 석축이 높은 담장이 되어 올라가는 모습을 보면서 기쁨을 느꼈고, 그렇게 어린 시절에 교회 건축을 위해 열심을 다해 동참할 수 있었던 일은, 영원히 잊지 못할 귀한 경험이 되어서 나에게 주시는 하나님의 커다란 축복으로 여겨졌다.

이렇게 성령의 충만함으로 매일매일 주님을 사모하고, 주님의 재림을 기다리며 생활하던 중에 갑자기 나에게 열병이 찾아와서 사경을 헤매게 되었다. 부모님은 그런 나를 보고 안타까워하시며 약을 권했지만, 나는 약보다도 예수 그리스도의 은총이 필요하다는 생각이 간절했다. 그렇게 사경을 헤매던 중에도 기도하면서 간신히 일어나 한 걸음씩 한 걸음씩 발을 떼어 교회에 도착하니, 마침 목사님께서 보시고는 깜짝 놀라며 말씀하셨다.

"아니, 어떻게 이런 모습으로 교회를 나왔어? 자네, 괜찮은가?"

그리고는 나를 부축하여 성전 안으로 이끌어 주셨다. 그리고 그날, 하나님은 연약하지만 간절히 은혜를 사모하는 나의 믿음을 보시고, 열병이 떠나가는 기적을 베풀어 주셨다. 그렇게 치유의 하나님을 경험한 뒤에 성령의 인도하심을 따라 성경을 읽게 되었는데, 하나님의 말씀이 참으로 달고도 오묘하다는 것을 느끼게 되었고, 말씀을 읽을 때마다 새롭게 은혜를 체험하곤 하였다.

이렇듯 말씀을 묵상하며 믿음으로 하나님께 나아갈 때 조금씩 더 예수님을 알아가며 기쁨으로 신앙생활을 하게 되었다. 그러나 사탄은 나의 신앙적인 기쁨을 마치 질투나 하는 듯이 괴롭히기 시작했다. 가족을 통한 말할 수 없는 신앙적인 핍박으로 인해 고통의 시간이 엄습해 왔다.

부모님은 불교를 믿어 절에 자주 가셨고, 위 형님들이나 누나들도 전혀 예수님을 믿지 않았다. 어느 날, 형님께서 서울에서 내려오셔서 교회에 나가지 말라고 엄히 말하면서 학교 교과서와 성경책과 찬송가 책을 가방에서 꺼내어 마당에 쌓아두고는 불을 질러버렸다. 가족 모두가 기독교 신앙생활을 극심히 반대하여 나는 어찌할바를 몰랐지만, 핍박이 심하면 심할수록 하나님께 더욱 간절히 기도하고 말씀을 보며 찬양으로 주님께 가까이 나아갔다. 그러던 어느 날 성령님의 음성이 들려왔다.

"네가 죽도록 충성하라 그리하면 내가 생명의 관을 네게 주리라"(계 2:10).
"두려워 말라 내가 너와 함께함이라"(사 41:10).

나는 성령님의 위로의 말씀에 더욱 힘을 얻고 다시 일어나 교회에 나가 엎드려 기도하며 성경 말씀을 읽기 시작했다. 그리고 학교에 가서도 수업 중 쉬는 시간에 성경책을 꺼내 읽었고, 점심 시간에는 학교 뒷산에 올라가 기도하며 찬양으로 하나님께 감사하는 생활을 하면서 학창 시절을 보내게 되었다.

그리고 대학 생활과 군 복무를 그리스도의 은혜 안에서 잘 마치고 사회생활을 시작하면서 고향을 떠나왔다. 그러나 거주지가 바뀌면서 성령 충만한 교회를 찾아 헤매다가, 결국은 3년 동안이나 교회 생활을 등한시하고, 아예 교회를 등지는 어리석은 자가 되고 말았다. 그러던 중에 우연히 기차 안에서 아는 분을 만나게 되었다.

청년 시절에 신앙 생활하면서 용문산 기도원에 가서 함께 울부 짖고 기도했던 신앙의 동지이자 선배 형님으로 따르던 목사님을 하나님께서 만나게 해주신 것이다. 반가워하며 서로 이야기를 나누던 중에 교회에 나가지 않고 있는 나의 생활을 아시고는 여러 가지 질문을 던지셨다. 신앙 생활과 교회 생활에 대한 전반적인 질문이었다.

"하나님의 섭리는 그 누구도 알 수가 없지…. 자네를 이렇게 우연히 만난 것도 하루가 천 년 같고 천 년이 하루 같은 하나님의 섭리가 있었기에 가능했겠지. 이렇게 이곳에서 자네를 만나게 될 줄 누가 알았겠는가?"

그러면서 목사님은 계속해서 나에게 신앙에 관해 권면해 주셨다.

"자네는 지금까지 누구를 위해서 신앙생활을 했다고 생각하는가? 그토록 성실하게 신앙생활을 잘하던 자네가 그리스도의 사랑을 잃어버리고 왜 이렇게 허망하게 살아가고 있는 거야? 이제라도 늦지 않았으니 예수님 품으로 돌아와서 새생명을 얻어야 되지 않겠나?"

나는 대답할 말이 없어서 침묵으로 답변을 대신했다.

LA에서 예수님 동상 밑에서
은형규목사님과 함께

그러자 목사님은 다시 말씀하셨다.

"주님의 몸된 교회를 통해서 성령의 역사하심으로 우리가 기쁨의 생활을 계속할 수 있다는 것을 자네도 잘 알고 있지 않은가? 죄를 사함이 주께 있으니 주 안에서 승리해야지."

그날, 그 선배 목사님의 권면을 통하여 방황하는 탕자로서의 좌절과 실망에서 벗어나, 세상에서 방황하며 헤매이던 나는 다시 그리스도 앞으로 돌아오라는 부르심을 받고서 감사함으로 순종하게되었다. 그리하여 선배 목사님과 함께 교회에 나가 헌신 봉사하면서 기쁨으로 신앙생활의 새출발을 하게 되었다.

그리고 주께 다시 돌아왔으니, 이제는 오직 주님만을 섬기며 그리스도를 향한 사랑이 영원토록 빛을 발하게 하리라고 결단하였다.

나에게 빛의 열매인 착함과 의로움과 진실함이 항상 충만하기를, 그리고 그리스도의 향기와 성령의 열매인 사랑과 희락과 화평과 인내와 자비와 양성, 충성과 온유와 절제를 통해 다시 오실 재림 예수를 기다리며 성령님의 음성을 따라 살아가기를 기도하는 가운데 나의 삶은 변화되기 시작하였다.

또한 결혼에 대한 나의 생각이 부정적으로 굳어져서 사도 바울과 같이 독신으로 주님만 생각하며 살겠노라 생각했던 나의 마음을 하나님께서 열어 주셔서 예비하신 아내도 만나게 되었다. 예전에는 경제적인 능력이 있으면 불신 여성도 괜찮다고 생각해 왔는데, 그런 생각을 하나님이 기뻐하시지 않는다는 것을 깨닫게 하셨다. 그리고 경제적인 모든 문제는 전적으로 하나님의 주권에 달려 있다는 것도 깨닫게 해주셨다.

"스스로 속이지 말라 하나님은 업신여김을 받지 아니하시나니 사람
이 무엇으로 심든지 그대로 거두리라"(갈라디아서 6:7).

하나님의 섭리와 뜻 가운데서 중매를 통하여 하나님을 경외하는
신실한 믿음을 가진 여성이라고 아내를 소개받았는데, 처음 만나
는 그 순간부터 하나님께서 예비해 주신 배우자라는 느낌을 받고
하나님께 감사와 찬양을 드리게 되었다. 아내와의 첫 만남은 하나
님의 섭리가 아니면 이루어질 수 없는 축복의 순간이었다.

언제나 우리의 생각과 계획을 초월하여 행하시고 이루시며, 때를
따라 은혜를 주시는 하나님의 섭리에 감사드리며, 그 첫 만남의 순
간부터 약 20여 일간의 교제 끝에 목사님의 주례하에 전격적으로
결혼식을 올리게 되었다. 또한 아들 조셉과 딸 유니스를 주셔서, 하
나님의 섭리 가운데 가정을 통한 기쁨과 즐거움을 마음껏 누리게
해주셨다.

그리고 하나님의 인도하심 속에서 인생의 새로운 전환기로 미국
이민을 결정하게 되었다. 이민 서류를 접수하고 인터뷰를 하였으나
처음에는 통과하지 못해서 실망을 하였지만, 그로 인해 기도하게
하셨고 새벽 제단을 다시 쌓도록 해주셨다. 결국에는 무사히 비자
를 받았고, 그렇게 미국 땅을 밟은 지도 엊그제 같은데 벌써 40년
이 넘었다. 그래도 내 삶에서 가장 귀중하신 예수 그리스도와 함께

인생길을 걸어왔다는 것이 마냥 행복하기만 하다.

이민 생활은 끊임없는 고난의 연속이었다.

동업자에게 사기를 당한 일, 가게 일로 오랫동안 재판장에서 시달렸던 일, 아내가 20년 동안 병마의 고통으로 시달렸던 일, 아들의 방황으로 인한 눈물의 기도, 외손녀의 질병을 통해 끈질기게 기도하게 하시는 하나님의 뜻….

때때로 내가 마음먹은 대로 되는 일이 없어서 실망하고 좌절하며 몸부림치고 발버둥칠 때도 있었지만 이러한 고난의 길을 걷게 되면서 주님은 사랑으로 더 가까이 찾아와 주셨고, 말씀을 통해 위로해 주셔서 다시금 힘을 얻고 일어서게 되는 일이 반복되었다.

또한 고통당하고 있을 때도 도울 자를 보내 주셔서 금식기도를 하게 하셨고, 중보기도자들을 만나게 해주셔서 위로받고 주의 평안을 누리게 해주셨으며, 깨어 간구하며 열방을 위하여 기도할 때마다 나의 영을 새롭게 해주시고, 갈급한 심령에 언제나 단비를 내려주셨다. 성령님의 불같은 역사로 주님과의 첫사랑을 회복시켜 주시고, 나의 모난 부분들을 잘 다듬어 주신 것이 모두다 주의 은혜와 사랑이었다.

장소와 시간을 초월하시는 예수 그리스도의 사랑과 은총이 언제나 나를 감싸고 있다는 것을 깨닫게 해주셨으니 이 얼마나 존귀하고 행복한 삶이었던가. "고난이 내게 유익이라"는 말씀이 다시 새롭

영생교회 장로 장립을 받던때
이용걸목사님과 함께

게 내 마음에 새겨졌다.

늦은 나이에 신학을 공부하게 하셨고, 목사 안수를 받으라는 주위 사람들의 권고가 있었지만 하나님께서는 장로로서 교회를 섬기며 선교에 힘쓰라는 음성을 주셨기에, 우리 부부는 사도 바울을 도우면서 선교에 동참했던 브리스길라와 아굴라처럼 동역하여 사역하기를 원한다. 이제 남은 생애도 세상 바라보지 않고 오직 주님만 의지하며 모든 것을 맡기고 주께서 인도하시는 대로 순종하며 살기를 기도할 뿐이다.』

2

주의 사랑의 줄로
매인 바 되어서

"너의 하나님 여호와가 너의 가운데에 계시니 그는 구원을 베푸실 전능자이시라 그가 너로 말미암아 기쁨을 이기지 못하시며 너를 잠잠히 사랑하시며 너로 말미암아 즐거이 부르며 기뻐하시리라 하리라"(스바냐 3:17).

나는 언제부터인가 이 말씀을 묵상할 때마다 감격이 되고 마음에 새겨지며 주님의 사랑받는 자녀였음을 깨닫게 된다. 지금까지 살아온 삶의 길에 주님이 동행하시고 돌봐주지 않으셨다면, 나는 지금 어떤 인생길을 걷고 있었을까?

저 풍랑이 몰아치는 험한 바다에서 주님만 바라보고 물 위를 걸어가다가 시선을 돌려 휘몰아치는 풍랑을 바라보았을 때, 두려움으로 물 속으로 빠져들어 간 베드로와 같았으리라. 그래서 깊이깊이 세상 물결 속에 빠져들어 가서 날마다 헤매는 인생길을 살아가고 있었을 것만 같다.

이민 온 지 얼마 되지 않았을 때였다. 출석하고 있는 교회에서 부흥집회가 열려서 참석했는데, 강사 목사님의 설교 말씀을 들으며 왜 그렇게 눈물이 주체할 수 없이 쏟아졌는지, 눈물 콧물을 감당하지 못해 휴지가 모자라서 손과 옷으로 닦았던 기억이 난다.

그렇듯 성령님께서 임재하사 나의 마음을 어루만져 주셨건만, 연약한 내 믿음은 바쁜 세상 일로 언제나 주님께 시선을 집중하지 못했었다. 그 강사 목사님이 또 다른 교회에서 집회를 인도하신다는 소식을 듣고, 새벽예배에 참석하기 위해 우리 부부는 아직 어린 아들과 딸을 깨워서 등에 업고 길을 나섰다.

이른 새벽, 추운 겨울 바람에도 아랑곳하지 않고 아이들을 차에 태우고는 늦을세라 달려갔다. 집회의 마지막 시간은 안수기도 시간이어서 차례를 기다리다가 목사님 앞으로 나아가 아이들을 등에서 내려놓고 아이들을 위한 기도를 부탁드렸다. 아무도 아이들을 데리고 오지 않았던 이른 새벽 집회였던지라 목사님께서도 감동하셨는지 두 어린아이들을 위해 간절히 기도해 주셨다. 이렇듯이 말씀을 사모하고 갈망했던 우리 가정에 언제나 주님의 사랑이 함께하셨고, 또한 어려움 가운데서도 사업을 지켜주셔서 남부럽지 않게 살도록 인도해 주셨다.

그러나 세월이 흘러감에 따라 우리의 마음은 어느덧 세상을 닮아가고 있었고, 이민의 삶에 지쳐가는 우리 영혼은 더욱 메말라갔으며. 기쁨이라고는 찾아볼 수 없는 삭막한 생활 속에서 나는 그저 세월에 이끌려 어리석은 삶을 살았을 뿐이다.

그러나 한 줄기 희망이 있었던 것은 항상 우리를 향하고 계시는 주님의 섭리와 사랑이 있었기 때문이었다. 20년간을 쉴 틈 없이 가게에만 매달려 살아왔던 터라, 몸과 마음이 늘 피곤하고 지쳐있었던 나는 남편에게 간청하기 시작했다.

"우리, 가게를 그만하고 팔았으면 좋겠어요. 은퇴할 나이잖아요. 이제 좀 쉬고 싶고 마음대로 여행도 가고 싶어요."

나는 몸과 마음이 지쳤다며 가게를 팔자고 남편에게 여러 번 졸랐다. 남편의 마음도 조금씩 녹아드는 느낌이었다.

"우리 가게들을 맡아서 잘할만한 사람이 드물 텐데… 한 번 알아나 봐야겠네."

그리고는 나의 간청대로 가게들을 정리할 마음을 가지고 있었는지 가게를 인수할 사람들을 알아보는 듯했다. 얼마 후에 사겠다는 사람들이 많이 나타났는데 그들이 과연 감당할 수 있는 능력이 있느냐가 중요했다.

남편은 새벽 4시부터 가게들을 가동하고 열심히 일해 왔기에 누군가가 그렇게 적극적으로 가게를 운영할 수 있느냐가 문제였다. 그러나 이미 정리하기로 마음먹었기에 결국 결정하게 되었고, 동시에 나의 꿈도 이루어졌다. 세 개의 가게를 다 처분하니 날아갈 듯 후

련한 마음이었다.

그러나 남편이 아무런 일도 하지 않는 것이 좋게 보이지 않았고, 남편은 그저 쉬면서 가만히 놀고만 있을 사람도 아니었다. 그래서 힘들지 않는 범위 내에서 남편에게 소일거리를 주시기를 기도했다. 남편도 여러 가지 생각을 하며 궁리를 하던 차에 어느 날 기쁜 소식을 전해 주었다.

"여보, 나 일자리를 구했어! 우리가 거래하고 있는 드라이클리닝 물품업체 사장님한테 부탁을 해서 풀타임으로 세일즈 일을 하게 됐거든."

"그래요? 참 잘됐네요! 하나님이 우리 기도를 들어주셨어요."

나도 기뻐하며 하나님께 감사드렸다. 남편은 가게를 완전히 인계하고서 다음날부터 회사에 출근하기 시작했다. 무슨 일이든지 책임감 있게 하는 성격인지라, 매일같이 1시간 가량 운전하여 회사에 출근했고, 온종일 돌아다니는 일도 기쁨으로 감당하며 회사의 일을 마치 자신의 일같이 열심을 다해 일했다.

회사도 고객이 두 배가 늘어났기에 남편에게 더 좋은 대우를 해 주었다. 이렇게 즐겁게 일하면서도 신경을 쓸 일이 없어 아무런 부담없이 우리의 마음도 평안했다.

어느 날 일하고 돌아온 남편이 문득 이런 말을 했다.

"우리 신학교에 한 번 가볼까?"

나는 의아해서 물었다.

"네? 신학교라니요? 이 나이에 무슨… 이제사 신학을 배워 무엇 하려고요? 설마 사역자가 되려고 하는 것은 아니겠지요?"

남편은 "으응, 그냥 해보는 소리야. 아는 분이 한 번 와보라고 하셔서 생각없이 그냥 물어본 거야"라고 대답했다.

나는 곰곰이 생각하다가 말했다.

"그래요, 언제 한 번 방문해 보는 것도 괜찮겠지요."

우리는 언제 날을 잡아 신학교에 방문하겠다고 학장님과 전화로 약속하였다. 약속한 날이 되어 학교를 방문했고, 학장님의 사무실로 안내를 받았다. 이런저런 이야기를 하고 난 후에 남편의 마음이 긍정적으로 기울기 시작했고, 신학을 배울 수 있다고 생각되었는지 그 자리에서 입학을 결정하고는 등록까지 하게 되었다. 학장님은 옆에서 듣고 있는 나에게도 함께 배울 것을 권하셨는데, 그만 나도 모르게 하겠다고 대답을 하고 말았다.

우리 부부는 매주 3일간을 신학교에 출석하여 강의를 들었다. 저녁 7시부터 10시까지 책상에 앉아 강의를 듣고 말씀을 배우는 일은 매우 감동적이었다. 모두 젊은 신학도들이었지만, 제일 나이가 많은 우리 부부도 열심히 참여하여 젊은이들 못지않는 선지 생도가 되었다. 신학 강의를 듣게 된 것이 더없이 좋은 기회라고 여겨져서 잘 선택한 것 같았고, 매사에 기쁨으로 배워 나갔다. 하나님을 보다 깊이 알기 위해서는 성경을 잘 배우는 것도 중요한 일이다.

그렇게 성령님의 인도하심으로 신학을 공부하게 된 것이 너무나 감사했고, 즐거움으로 공부하게 되니까 피곤한 줄도 모르고 밤늦은 시간까지 강의에 열중할 수 있었다.

  그러나 남편에게는 육신적으로 너무 피곤한 생활이었다. 온종일
일하고 나서 저녁에 들어와 급하게 쫓기듯이 신학교에 가야 하는
생활이 좀 힘든 나이였기에 너무 피곤하여 중도에 포기하려고도
했다. 나는 끈질기게 설득하여 함께 강의실에 나가곤 했는데, 어느
덧 3년을 개근하여 장로교 신학대학원을 졸업하게 되었다. 스스로
마음에 뿌듯함을 느끼며 끝까지 감당할 수 있도록 힘주시고 도와
주신 하나님께 감사를 드렸다.

우리 부부가 신학대학원을 졸업할 때

성령의 강한 임재 속에서

어느 날 성경을 펴고 출애굽기를 읽는 중에 나의 마음에 감격이 물결치듯 밀려오는 것을 느꼈다. 하나님께서는 이스라엘 백성들을 선민으로 삼으시고 모세를 택하여 구원 역사를 이루어 가셨다. 고달픈 노예 생활의 애굽에서 탈출하게 하셨고, 60만 대군이 된 이스라엘 백성들을 광야로 이끄셨다.

그들 앞에는 평탄한 길이 아니라 거칠고 험한 광야길이 펼쳐져 있었기에, 하나님께서는 큰 이적과 기사로 홍해를 갈라 건너가게 하시고, 필요에 따라 먹이시고, 물을 마시게 하시며 안전하게 인도해 주셨다.

그러나 하나님의 큰 권능을 체험했음에도 불구하고, 이스라엘 백성들은 노예 생활을 했던 애굽을 다시 그리워하며 불평하였다. 이렇게 하나님께 대한 신뢰와 믿음을 잃고 끊임없이 불신하는 강팍

한 백성들을 이끌고 가시는 '여호와 하나님'의 역사하시는 광경이 마치 현장에서 보는 듯이 필름처럼 펼쳐졌다.

말씀 한 구절 한 구절이 살아 움직이며 나의 마음을 파고 들어올 때, 하나님의 사랑이 절절이 느껴져서 울컥하며 내 마음이 저려왔다. 나는 무릎을 꿇고 엎드려 기도했다.

"그렇습니다, 주님! 저도 그들과 전혀 다를 바 없는 죄인인 걸요. 하나님의 무한하신 은혜와 사랑을 저버리며 늘 배신하는 이런 죄인을 사랑하시다니요, 십자가에서 물과 피를 쏟아 죽으실 정도로 말이에요. 주님, 저를 용서해 주세요. 주님이 흘리신 보혈의 피로 제 모든 죄를 깨끗이 다 씻어 주세요."

나의 입에서는 저절로 회개의 기도가 터져 나왔고, 두 눈에서는 뜨거운 눈물이 철철 흘러내렸다. 전에는 가슴으로 느껴보지 못했던 하나님의 사랑이 온 몸과 마음을 적시며 눈물이 강이 되어 흘러내렸다.

'회개할 게 이렇게도 많이 쌓여 있다니!'

그동안 주님의 마음을 슬프게 한 적이 얼마나 많았던가…. 회개하지 않았던 죄들이 하나하나 떠올랐고 그때마다 용서를 빌었다.

참 좋으신 하나님은 오랫동안 참고 계시면서 나 자신이 스스로 변화되는 것을 기뻐하시며 사랑과 은혜를 베풀어 주시는 아버지이시다. 지칠 대로 지쳐 있는 메마른 내 영혼에 새로운 기운이 솟아나고 있는 것을 느끼면서 새벽의 깊은 어둠을 뚫고 밝아 오는 아침 햇살처럼 나의 어두웠던 마음에 주님의 빛이 환하게 밝아왔다.

"주여! 주여!" 부르짖는 나의 마음을 성령님이 어루만져 주셨다.

목마른 사슴이 시냇물을 찾듯이 나의 영혼이 주님을 갈망하게 되었고, 우물가의 여인에게 생명수를 부어주신 주님이 나의 메마른 영혼에도 생수를 부어주시기를 간절히 기도했다. 이렇게 주의 은혜로 성령님을 체험하고 나서부터는 내 주위 환경은 전혀 변하지 않았는데도 나 자신이 변하고 있음을 깨달았고, 모든 것이 새롭게 보이면서 기쁨의 찬양이 흘러 넘쳤다.

4

주의 은혜로
충만한 기쁨의 시간들

어느 날, 어느 목회자 세미나에 참석할 기회가 있었다. 어떠한 모임에도 잘 나가지 않는 우리였는데, 의외로 남편이 먼저 제의를 해왔다.

"우리 이번 세미나에 한 번 참석해 볼까?"

나는 이런 말이 나오기를 기다렸다는 듯이 "그래요, 그렇지 않아도 생각하고 있었는데… 우리도 참석할 자격이 있겠지요"라고 대답했다. 내 마음은 너무 갈급하여 세미나를 통해 하나님께서 어떠한 말씀을 주실지 듣고 싶은 간절한 소원이 있었기에, 마침 참석하자는 남편의 말이 반가웠다.

우리는 성령님의 강권하심으로 목회자 세미나에 참석하게 되었다. 아침부터 저녁까지 계속되는 강의였는데, 강사 목사님은 지칠 줄 모르는 열정으로 기독교 역사를 연대기적으로 풀어가시며 말씀을 전하셨다. 우리 부부는 말씀에 몰두하다 보니 지루할 겨를도 없이 계속 앉아서 들으며 시간 가는 줄도 몰랐다.

그 다음날도 저녁시간까지 말씀에 푹 빠져서 감동의 시간을 보내게 되었다. 이틀간 충만한 은혜를 받고 보니 우리 부부를 위한 세미나였나 싶을 정도로 우리의 마음이 감동으로 녹아졌으며, 더욱 주의 말씀을 사모하게 하시는 성령님의 역사하심을 느낄 수 있었다. 말씀을 전하셨던 강사 목사님은 사역자를 깨우는 사역을 감당하시는 신실한 주의 종이라는 생각이 들었다.

또 다른 지역에서 집회가 있다고 하여 등록을 하고 싶었는데, 벌써 인원이 차서 늦은 감이 있었지만 강사 목사님의 배려로 참석할 기회를 갖게 되었다. 2시간 가량 차를 운전하고 도착해 보니 중직자들을 위한 세미나였다. 많은 목회자들과 선교사들, 사명자들이 세계 각국에서, 또 미국 전역에서 왔음을 알게 되었다. 말씀과 기도로, 기름부음의 찬양으로, 성령의 충만함 속에서 하나님께 영광을 돌리는 시간의 연속이었다. 이렇게 3 일간을 은혜 속에 지내며 성령님의 놀라운 능력을 체험하며 나의 영혼은 기쁨으로 충만함을 받았다.

마지막 시간에는 목사님의 안수를 받게 되었는데, 내 순서가 되어 기도를 받는 순간 나도 모르게 내 몸은 새털처럼 가볍게 넘어져 있었고, 성령님의 임재 속에 들어가는 것을 느꼈다. 그리고 많은 주의 종들이 하나님의 능력을 체험하게 되는 역사가 일어남을 보게 되어 하나님께 영광돌리는 기쁨의 시간을 보냈다. 그리고 집으로 돌아온 우리는 하나님의 은혜가 얼마나 큰지 감사와 찬양을 드렸고, 일상생활로 돌아와서도 날마다 우리의 영혼을 새롭게 해주시기를 기도하며 말씀을 묵상할 때면 영혼의 기쁨을 맛보게 되었다.

이렇게 삶이 변화되어 주님만을 의지할 수밖에 없는 광야길을 걸어가는 나 자신을 발견하게 된다. 나에게 광야의 길은 홀로 하나님을 만났던 곳이다. 마음껏 주님께 부르짖고 한없이 눈물을 쏟으며 간구하였을 때, 주님이 찾아오셔서 내 눈물을 닦아주셨고, 나의 눈과 귀를 열어 주셔서 주님만을 바라보게 하셨으며 주의 말씀을 깨닫게 해주셨다. 또한 내 입술에서는 연신 찬양이 흘러나오고, 기쁨의 눈물이 나의 마음을 흠뻑 적시었다.

"여호와는 나의 힘이요 노래시며 나의 구원이시로다 그는 나의 하나님이시니 내가 그를 찬송할 것이요 내 아버지의 하나님이시니 내가 그를 높이리로다"(출애굽기 15:2).

찬양을 부르고 또 불렀다. 전에는 아무 감격없이 불렀던 찬송인데, 이제 부르려니 왜 그렇게 감동이 되고 눈물이 흐르는지, 성령님의 위로하심과 만져주심으로 외로웠던 나의 영혼이 깨어나고, 주의 영으로 충만함을 입어 더욱 주님을 사모하며 부르짖어 기도하게 되었다.

"주의 말씀의 맛이 내게 어찌 그리 단지요 내 입에 꿀보다 더 다니이다"(시편 119:103).

다윗이 고백한 것처럼 송이꿀보다 더 달디단 말씀이 나에게도 임하는 것을 느꼈다. 어느 날 아침이었다. 말씀을 읽으며 묵상하고 엎드려 기도하다가 깜박 졸았나 싶었다. 내 앞에 한 사람이 서 있는데 아무 말도 없이 환하게 미소를 지으며 나를 깨웠고, 나 또한 입가에 미소를 띠고 있는 것을 깨달았다.

'아아, 내가 잠깐 잠이 들었었구나.'

나는 그때야 정신이 들었다. 그러나 꿈 속에서 보았던 주님의 그 환한 미소가 내 머릿속에서 떠나지 않고 계속 떠오르는 것이었다.

이렇게 하루하루의 생활이 주님과 함께하는 시간이었고, 자다가도 눈을 뜨면 주님을 부르며 내 영혼은 갈급함을 호소했다. 지금까지 살아온 모든 삶을 내려놓고 주님만을 바라보며, 광야의 훈련을 통해 토기장이 되신 주님 손에 맡겨진 진흙이 되어서 주님의 손에 의해 빚어져 가고 있는 우리 부부의 삶이 되었다.

또한 성령님의 인도하심으로 집회에서 한없는 하나님의 은총을 맛보는 기회도 주셨고, 말씀을 듣고 기도하는 중에 나의 눈에 환상도 보여주셨다. 처음에는 비가 한없이 내리는 것을 보았고, 나중에는 금가루 같은 것이 뿌려지는 것을 보게 되었다. 눈을 뜨고 보니 꿈이 아닌 현실이었고, 기이한 현상에 놀라 주님을 향해 말했다.

"주님! 저에게도 성령님의 임재하심을 보여주셨군요. 부족하고 연약하고 보잘것없는 가장 작은 저에게도 주의 신실하심을 나타내

주셨군요."

　나는 뭐가 뭔지 이해할 수가 없어서 어리벙벙하면서도 나의 가슴속에 주님께서 주신 나만의 비밀로 이 모든 일을 깊이 간직하게 되었다. 하나님의 능력은 무한하시고 전지전능하시기 때문에, 홍해를 가르시고 반석에서 물이 흘러나오게도 하신다. 그 밖에도 수없이 많은 큰 이적과 기적을 성경을 통해 보게 된다.
　그러나 그렇게 큰 역사를 일으키실 뿐만 아니라, 열왕기상 19장에서는 아주 세미한 음성으로도 엘리야에게 말씀하시는 것을 알 수 있다. 우리의 작은 신음에도 응답하시는 하나님 아버지이시기에, 이 작고 작은 나에게도 미미하고 작은 현상들을 보게 하심으로, 주님이 나와 함께하심과 주의 사랑을 더 깊이 깨닫게 하시고, 그로 인해 더욱더 견고한 믿음을 갖게 하셨다고 나는 믿는다.

　하나님은 이렇게 늘 나의 갈급한 심령에 성령의 단비를 내려주심으로써 내 영혼에 기쁨과 소망이 넘쳐나게 하신다. 그때 주신 주님의 은혜가 폭포수처럼 내 안에 흘러넘쳐 주신 말씀을 깨닫게 되면서, 거룩한 성령의 불이 내 마음 가운데 확연하게 일어나기 시작했다.
　"아! 그렇구나. 그렇지, 앞으로 내가 할 일은 중보기도다."
　지금까지는 나만을 위해 기도했던 것을 이제는 남을 위해, 또한 열방이 주께 돌아오기를 간구하는 중보기도자로 살아가야 하는 것이 우리가 걸어가야 할 길임을 깨달았다. 우리는 부족하고 미약하지만, 성령님을 의지함으로 열방을 위한 기도의 동역자가 되는 것이다. 성경에 이렇게 말씀하고 있다.

"이 땅을 위하여 성을 쌓으며 성 무너진 데를 막아 서서 나로 하여금 멸하지 못하게 할 사람을 내가 그 가운데에서 찾다가 찾지 못하였으므로"(에스겔 22:30).

하나님께서 기도의 동역자를 찾고 계심을 말씀을 통해서 깨닫게 되었다. 이스라엘 백성들이 광야 생활을 하는 동안에 하나님을 불신하고 원망했을 때, 진노하신 하나님은 모두를 멸하시기로 작정했지만, 모세의 간절한 중보기도 소리를 들으시고 그 결심을 포기하시는 자비의 하나님이심을 보여주셨다. 주님이 곧 다시 오고 계신데 아직도 깨어나지 못하고 있는 민족들, 또한 예전에 부흥하였던 나라들이 점차로 황폐해 가고, 주님의 교회들이 무너지고 있는 이 땅을 위하여, 멸망 길로 가고 있는 영혼들을 위하여 기도하라는 성령님의 음성이 들려온다. 우리 부부도 이 중보기도의 사명을 잘 감당할 수 있기를 간절히 간구하게 되었다.

신학교에 다닐 때의 일이었다. 당시 학생 과대표였던 어느 신학생 집사님이 우리에게 이런 요청을 했다.

"장로님 댁에서 기도회로 예배드렸으면 좋겠어요."

나는 예배를 드린다고 하면 무조건 찬성한다.

"그래요! 같이 예배드리는 일이라면 언제든지 좋아요."

나의 대답을 듣고 그분은 즉시 날짜를 정하여 신학생 모두에게 알렸다.

"우리 모두 다음 달에 박 장로님 댁에서 기도회로 모이겠습니다."

반장님의 말에 모두가 찬성했다.

이렇게 뜻밖에도 우리집에서 기도회를 갖게 되었는데, 앞서서 내가 먼저 기도로 준비해야겠다는 생각이 들었다. 한 달의 기한이 있었기 때문에 우리는 온전한 예배를 드릴 수 있도록 지하실을 잘 꾸며 놓고 예배 장비도 갖추어 놓았다. 우리가 이렇게 했던 것은 하나님께서 보여주신 것이 있어서였다.

뉴욕에 계신 어느 장로님 댁에 갔던 적이 있었는데, 그 집에 기도실을 잘 꾸며놓은 것을 보고는 '아! 우리도 이렇게 할 수 있겠다'라는 생각이 들었던 것이다.

이렇게 하여 우리집 지하실은 기도실로 변하게 되었고, 약속한 날짜에 모두 모여 찬양과 기도로 은혜 받는 시간을 가졌다. 또한 매달마다 기도회로 모이자는 의견에 동의하여, 그 다음달에는 강사님을 초청하여 말씀의 은혜를 받는 자리가 되었다. 은혜를 사모하는 사람들마다 이 기도실에서 같이 기도하고 말씀을 묵상할 때 하나님의 은혜가 충만하게 임하는 것을 느꼈다.

어느 날, 메릴랜드에서 청년들의 세미나와 그 지역 교회들의 부흥을 위한 기도회가 열렸는데, 주 강사님으로 일본 목사님이 오셔서 인도를 하셨다. 함께 기도하는 중에 필라델피아를 위해 기도하라는 음성을 듣고 순례자의 기도의 행진이 이어졌다. 그래서 갑자기 그분들이 필라델피아에 오게 되었고, 시내에 있는 자유의 종각에 가서 땅을 밟으며 기도하였으며 우리 집을 방문하게 되었다. 오선일 목사님의 인솔로 일본 목사님과 15명의 청년 지도자들이 방문하여 우리 집 기도실에 모두 모여서 뜨겁게 기도의 제단을 쌓은 후에 하나님의 인도하심으로 일본 목사님이 우리 부부를 위해 간절히 기도해 주셨다.

이렇듯이 우리 부부는 아침마다 기도실에서 예배를 드리면서 성령님의 감동으로 중보기도를 시작하였다. 열방이 돌아오는 그날을 소망하며 아시아, 유럽, 북미, 남미, 아프리카, 중동 지역 등에서 중요한 나라를 뽑아 24개 나라를 위해 기도하게 되었다. 하루에 4개 나라를 위해 기도하는데 각자 두 나라를 위해 선포해 가며 중보기도로 부르짖었고, 무너져 가고 있는 교회들과 세계에 흩어져 있는 선교사님들을 위해 기도하였다.

이 지구촌에는 주님이 주시는 평화가 절실하게 필요하다. 지금은 너무나 험악한 세상이 되었으며, 사회가 더욱 혼란해져서 우상이 만연해 가고 있는 이 땅을 위하여 주의 백성들이 회개하며 깨어서 기도할 때이다. 이렇게 성령님의 역사하심으로 기도하게 된 것이 벌써 몇 년이 훌쩍 지나고 있지만, 쉬지 않고 계속되어지기를, 우리가 감당할 수 있는 힘을 주시기를, 성령님의 도우심과 능력을 날마다 구하고 있다.

다니엘과 느헤미야가 포로 생활에서도 끊임없이 기도하였기에 하나님의 자비와 긍휼하심으로 포로 된 나라에서 자유함을 얻게 되고, 이스라엘 백성이 고국인 이스라엘 땅으로 돌아오게 되었음을 보면서 이는 하나님의 역사하심이요, 그 약속을 친히 이루어 가시는 신실하심 때문임을 깨닫게 된다.

기도 없이는 아무것도 이루어지지 않는다. 역사의 주인이신 하나님께 오직 기도하는 것만이 믿는 자들의 사명이다. 세계 곳곳에서 중보하는 기도 소리가 들려오기를, 그리고 하나님의 평화가 이 땅에 임하기를 소망하면서 기도하는 자들은 오늘도 뜨겁게 기도하게 된다.

5

밀려오는 거대한 풍파

　　우리 가정에 큰 시련이 찾아왔다. 다처분했던 가게들로 인해 소송에 휘말리게 된 것이다. 재판이 꼬리를 물고 이어지면서 끊임없이 괴롭힘을 당하게 되었고, 변호사를 선임하여 세웠건만 자꾸 우리에게 불리한 상황으로 몰리게 되었다. 우리 가게들을 인수 받은 그들은 몰게지와 렌트비를 반 년이 넘게 내지 않고서도 당당한 기세로 대항하며 끝까지 버티고 있었다.

　　그들이 사업을 잘할 수 있도록 여러모로 혜택을 주었음에도 불구하고 오히려 우리가 당하고 말았다. 나중에는 그들이 융자받았던 은행에서까지 그들에게서 아무것도 받을 수 없음을 알고서, 오히려 우리를 소송하는 등 이중 삼중으로 소송이 겹쳐 법정에 서게 되면서, 우리는 너무나 큰 고통 속에서 지쳐가고 있었다.

　　이 일을 해결하실 분은 오직 하나님뿐임을 알고 있기에, 우리 부부는 아침 기도시간마다 울부짖게 되었고, 하나님께서 우연한 기회에 만나게 해주신 신실한 주님의 종들에게 중보기도를 부탁하게 되었다.

이러한 고통 속에서 3년이란 시간을 보내면서 하나님은 우리의 간절한 기도와 중보기도를 들어주셨다. 하나님의 위로하심이 있었고, "평안하라"는 주님의 음성을 들려주심으로써 우리에게 큰 위로를 주셨다. 그러나 여전히 우리 앞에는 큰 산들이 겹겹이 둘러싸여 있었고, 재판장을 수없이 들락거려야 하는 법정 싸움은 언제 끝이 날지 알 수 없어서 힘든 나날을 보내야만 했다.

하지만 우리는 주님이 주신 말씀을 신뢰하면서 끝까지 참고 견디며 인내하게 되었고, 감사하게도 우리의 마음은 평안을 유지할 수 있었다.

그러던 중에 서서히 하나님의 응답하심이 나타나기 시작했다. 재판에 소송되어 얽혀 있던 크고 작은 문제들이 실타래가 풀려지듯이 하나씩 해결되면서 3개의 가게들을 다시 찾게 된 것이다. 그러나 여기에는 대가가 따랐는데, 그들이 갚지 못한 은행 빚을 우리가 대신 짊어지게 된 것이다.

오랫동안 지겨운 법정 싸움에서 우리가 손해를 보더라도 빨리 끝나기를 바랐기 때문에, 다른 은행에서 융자를 얻어 지불하고서야 재판의 모든 과정이 마무리되었다. 은행 융자도 쉽게 얻을 수 있도록 하나님께서 준비해 놓으셨다.

그동안 변호사 비용으로도 너무 많은 돈을 지불해야 했고, 3년이라는 긴 시간 동안을 시달려 왔지만, 우리는 하나님의 약속하신 때를 믿고 기다렸고, 주의 종들이 기도하면서 주신 주의 말씀대로 모든 일이 다 이루어지게 되었다. 더 이상 곤욕을 치르지 않게 되어 우리는 마음의 평안을 되찾게 되었고, 기쁨으로 하나님께 감사와 영광과 찬양을 돌렸다.

이렇게 긴 시간을 보내면서 어려운 과정을 통과하게 하셨고, 가게에 들어가 다시 일하게 되었다. 그동안에 너무나 형편없이 무질서하게 운영했기 때문에 한편으로는 다시 회복할 수 있을까, 걱정이 앞서기도 했지만 아무튼 다시 찾게 되었으니 기쁜 마음으로 하나하나 정리하면서 새로 시작하는 기분으로 일하게 되었다. 우리는 가게들을 새로 꾸미기 시작했고, 공장도 기계들을 새 것으로 바꾸면서 모든 것을 정리하고 새롭게 단장해 나갔다.

하루는 남편이 아침에 일어나자마자 꿈 이야기를 들려주었다.

"내가 꿈을 꾸었는데 말이야, 정말 신기한 꿈이야. 글쎄, 우리 가게에 환한 빛이 비쳐졌는데 눈이 부실 정도로 아주 환한 빛이었어."

나는 하나님이 주신 꿈임을 금방 깨달았다.

"참 좋은 꿈이네요. 우리 가게를 하나님께서 축복해 주실 꿈인걸요."

이렇게 남편과 꿈 이야기를 나눈 것은 처음이었다.

나도 그런 비슷한 꿈을 꾼 적이 있었다. 꿈 속에서 우리가 지하실에 꾸며 놓은 기도실 앞쪽으로 아주 큰 화분이 놓여 있었고, 그 안에는 아주 보기 드문 화초가 심겨져 있었는데, 어디서도 보지 못한 아주 귀한 화초였다.

그런데 그 화초에서 눈이 부실 정도로 환한 빛이 비춰와서 나는 '와!' 하며 함성을 질렀는데, 깨어 보니 꿈이었다. 그때의 꿈속 영상이 너무도 생생하게 머릿속에 새겨지며 기쁨에 벅찬 심정이었던 것을 기억하며 나는 마음속으로 외쳤다.

"하나님, 남편에게도 꿈을 통해 확신을 주셨군요. 오! 주님, 감사합니다."

다 무너져 가고 있던 가게들을 회복해 주실 거라는 확신이 들었고, 하나님의 사랑을 더욱 깊이 느끼게 되어 나의 눈가에는 눈물이 고였다. 우선 함께 일할 수 있는 분들도 곧 구하게 되었고, 가게는 조금씩 안정되는 조짐이 보였으며, 머지않아서 바로 정상적인 운영이 되었다.

가게에 새로운 얼굴이 보이고 새로운 분위기가 되자 오시는 손님마다 물어보았다.

"주인이 바뀌었습니까?"

그런가 하면, 나를 알아보고 예전에 안면이 있던 손님들이 반갑게 인사를 건넸다.

"아, 리디아! 다시 되돌아왔어? 어쩐 일이야! 은퇴했다면서…"

나도 반갑게 그들을 맞아 호들갑을 떨면서 함께 이야기를 나누었고, 몇십 년 동안이나 매일같이 들락거리면서 단골손님이었던 그들은 처음에는 깜짝 놀라는 기색이었다. 그러면서 옛손님들이 그동안에 있었던 이야기들이며, 지갑을 열어 변화된 가족들의 사진도 꺼내어 보여주곤 하였다.

세월이 많이 흐른 것을 느끼며 그 옛날의 정을 다시 되살리다 보니, 어느덧 떠났던 손님들도 하나둘씩 돌아오게 되었다.

그 사이에 남편은 세탁 기술이 더 늘었고, 손님들에게 만족을 주게 되면서 가게는 다시 활기를 되찾았다. 그런데 나는 그동안 8년을 쉬어서인지 조금만 일하고 나면 너무나 빨리 지치고 힘이 들었다. 나이가 많아진 탓도 있으리라. 힘들어하는 나를 위해 하나님께서 내가 맡아서 했던 드랍샵에 좋은 종업원을 보내 주셔서 나는 하는 일이 거의 없게 되었다.

새로운 직원이 손님들에게도 잘해 주니까 모든 손님들도 좋아하고, 문제들을 잘 해결하는 것을 보면서 안심하고 모든 것을 맡기게 되었다. 어떤 손님은 문을 나서면서 "She is very good!" 하며 엄지 손가락을 치켜 세우며 새 직원을 칭찬하기도 하였다. 성실한 그 종업원으로 인해 내가 가게에 신경을 덜 쓰게 되어도 손님들이 많아지기 시작했고, 나갔던 손님들이 다시 돌아와서 가게가 살아나게 되었으니, 이 모든 일이 사람을 통해서 베풀어주시는 하나님의 은혜로 말미암았다는 것을 고백하지 않을 수가 없다.

주님의 역사하심이 우리 마음에 뚜렷하게 새겨져 있어서, 앞으로도 우리가 늘 감사하는 마음으로 기쁘게 일하며 하나님께 영광돌리는 삶을 살기를 소망한다. 이제 우리는 이 물질들이 하나님 나라 확장에 쓰임받기를 바라면서 기도하고 있다. 언제까지 이 일을 하게 해주실지는 알 수 없지만 모든 것을 주님께 맡겨 드린다.

6

하늘의 찬송이 내 안에 메아리쳐 울리기를

"주의 말씀은 내 발에 등이요 내 길에 빛이니이다"(시편 119:105).

　　　　　주의 뜻대로 살기를 바라는 우리는 매일 아침 일어나 경건의 시간을 가지며 하루를 시작하였다. 말씀을 읽어가는 우리의 마음은 날마다 더 새로워지며 간절히 주님만을 갈망하게 되었다.

　그런데 다시 가게를 시작하고부터는 남편이 아침 일찍 공장에 나가야 가게들이 돌아가기 때문에, 예전처럼 함께 경건의 시간을 갖지 못하고 주일날 아침에만 같이 예배를 드렸다. 그러나 나는 몇 년 동안 계속해 온 아침 경건 시간을 빼앗길 수 없어서, 혼자서라도 주님과 교제하는 시간을 가지면서, 말씀에 흠뻑 빠져 시간가는 줄 모르고 아침 시간을 보내곤 하였다.

　어느 날 아침에 말씀을 읽고 묵상하면서 주의 뜻을 구하는 기도를 하고 있었다.

"주님! 주의 뜻을 보여 주세요. 부족하고 연약하지만 주의 뜻을 따라 살게 도와주세요."

엎드려 기도하는 중에 마음속에 성령님의 음성이 들려왔다.

"항상 기뻐하라 쉬지 말고 기도하라 범사에 감사하라."

수도 없이 듣고 읽어서 이미 잘 알고 있는 말씀이었지만, 성경을 펴고서 데살로니가전서 5장 16-18절 말씀을 다시 읽었다. 지금까지 수없이 이 말씀을 들어왔고 또 많이 읽었지만, 그저 스쳐가는 말씀처럼 아무 감동이 없었는데, 확실한 성령님의 음성으로 듣고 난 후부터는 우리를 위한 하나님의 뜻인 것을 깨닫게 되어 나는 주님께 이렇게 고백하게 되었다.

"주님, 용서해 주세요. 지금까지 살아오면서 세상 걱정과 근심 속에 눌려 지내며 기쁨이 없는 삶을 살았습니다. 그리고 나만을 위하여, 나의 이익을 바라는 기도만 했을 뿐입니다. 또한 범사에 감사하지 못했던 것을 고백합니다."

나는 무지하여 내 욕심만 드러냈던 나 자신을 돌아보며 회개했다. 다음날 아침 첫 시간에도 먼저 하나님께 나아갔다. 그리고 기도하면서 또다시 주님께 물었다.

"주님, 이제는 진정 우리에게 향하신 아버지의 뜻이 무엇인지 보여주세요."

나는 응석을 부리는 어린아이처럼 좀 더 주님의 뜻을 알고 싶은 심정으로 기대하며 구했다. 이번에도 성령님의 음성이 마음속에 들려왔다.

"네 마음을 다하며 목숨을 다하며 힘을 다하며 뜻을 다하여 주 너의 하나님을 사랑하고 또한 네 이웃을 네 자신같이 사랑하라"(누가복음 10:27).

나는 또다시 성경을 펴고 읽어 내려갔다. 말씀을 주시고, 이 말씀대로 살아가라고 하신 주님의 뜻에는 다 그 이유가 있다고 생각되었다. 먼저는 전능자이신 하나님 아버지께 경배하며 찬양드리는 예배자가 되어야 하겠고, 하나님을 사랑하고 또한 이웃을 사랑하는 것이 마귀 사탄에게 지지 않고 승리하는 길임을 깨닫게 되었다.

성령님이 깨닫게 해주신 말씀들은 내 마음속 깊이 새겨지게 되었다. 이 모든 말씀에는 우리의 살 길을 인도해 주시고, 또한 복된 삶이 되기를 바라시는 아버지의 마음이 잘 담겨져 있다. 하나님은 사랑과 은혜를 부어주시고 주의 날개 그늘 아래 품어 주시기 위해 말씀으로 깨닫게 해주시지만, 우리는 아버지의 품을 떠난 탕자와도 같이 늘 제 고집대로만 살아왔음을 깨닫고는 깊이 회개하며 눈물로 기도하였다.

나는 어리석고 부족하고 연약하지만, 주님 말씀에 순종할 수 있는 강건한 믿음을 주실 것을 날마다 간구하게 되었다. 나의 앞에 있는 모든 두려움이 사라지고 상처받은 모든 것들이 치유함을 받아 오직 주님만을 바라보며 앞서 가시는 주님을 묵묵히 따라가도록 성령님의 도우심을 구하며 살게 되었다.

하나님께서는 이스라엘 백성들이 광야 생활을 마무리하는 단계에서 여호수아에게 말씀을 주셨고 그 말씀대로 준비하게 하셨다. 가나안 땅을 차지할 것을 명하셨고, 그 땅에 사는 우상의 백성들을 다 진멸하라고 말씀하셨으며, 여호와께서 앞서 가시며 친히 그들을 대신하여 싸워주심으로써 두려워 말라고 약속해 주셨다.

이스라엘 백성들에게 역사하셨던 그 하나님께서 이 순간도 살아계셔서 역사하심으로 우리와 함께하시고, 우리 편이 되어 싸워 주시며, 성령님의 인도하심을 따라 우리의 삶을 더욱 풍성하게 해주신다.

"하나님은 우리의 피난처시요 힘이시니

환난 중에 만날 큰 도움이시라

그러므로 땅이 변하든지

산이 흔들려 바다 가운데 빠지든지

바닷물이 솟아나고 뛰놀든지

그것이 넘침으로 산이 요동할지라도

우리는 두려워하지 아니하리로다(셀라)

......

이르시기를 너희는 가만히 있어

내가 하나님 됨을 알지어다

내가 뭇 나라 중에서 높임을 받으리라

내가 세계 중에서 높임을 받으리라 하시도다

만군의 여호와께서 우리와 함께하시니

야곱의 하나님은 우리의 피난처시로다(셀라)."

우리 부부는 이 시편 46편 말씀을 아침 기도시간마다 큰 소리로 읽으며 묵상하고 있다. 이 말씀을 대하노라면 하나님이 만물을 주관하시고 역사하고 계신다는 것이 내 눈에 확실히 보여지며, 나의 마음 한가운데 알 수 없는 감동이 복받쳐 오른다. 그러면서 광대하시고 무한하시며 이성을 초월하시는 크신 하나님께 경배드릴 수밖에 없는, 한낱 먼지와도 같은 피조물에 불과한 나 자신을 발견하게 된다.

그렇다! 이 땅에서의 나의 생각은 한계가 있고 내 몸은 피곤할 뿐인 것을…. 이 나이에 내가 무엇을 제대로 할 수 있단 말인가! 아무것도 기대할 수 없는 그저 무능한 인생을 살아갈 수밖에 없다며 한때는 자포자기한 적도 있었지만, 그러나 그때마다 주님은 내 곁에 오셔서 힘과 용기를 주셨고, 주님을 갈망하는 열정이 계속 타오르게 하셨다. 오직 주님을 찬양하고픈 나의 마음에 하늘의 찬양이 메아리쳐 울린다.

"찬양하라 내 영혼아

찬양하라 내 영혼아

내 속에 있는 것들아 다 찬양하라

감사하라 내 영혼아

감사하라 내 영혼아

내 속에 있는 것들아 다 감사하라

송축하라 내 영혼아

송축하라 내 영혼아

내 속에 있는 것들아 다 송축하라"

온 영으로 찬양하는 내 마음속에는 주님의 임재로 가득 찼고, 따스한 성령님의 만져주심을 느낀다. "주여! 주여!"를 부르짖으며 엎드려 기도할 때 오늘도 나의 두 눈에서는 뜨거운 눈물이 하염없이 흘러내린다.

7

꿈으로, 음성으로 보여주신 길

하나님의 방법은 인간의 방법과는 다르다고 말씀하셨다.

"이는 내 생각이 너희의 생각과 다르며 내 길은 너희의 길과 다름이
니라 … 하늘이 땅보다 높음같이 내 길은 너희의 길보다 높으며 내
생각은 너희의 생각보다 높음이니라"(이사야 55:8-9).

　　　　우리는 갈급한 마음으로 주님을 더
욱 사모하면서 하나님의 임재 가운데 기름부음의 예배를 드릴 수
있기를 기도했다. 때로는 방황한 적도 있었지만, 우리에게 마련해
주신 기도 처소에 나아가 예배드리며 주님의 뜻을 구하기에 힘썼
다. 온 열방을 위하여 중보기도하면서 찬양으로 나아갈 때 기쁨으
로 충만케 되며 나의 영혼은 날마다 새롭게 됨을 맛보았다.
　　신학교에 다닐 때의 일이었다. 강의가 끝난 후 교수님이 말씀하

시기를, 담임하고 있는 교회에서 집회가 있다며 참석하실 분들은 오라고 초청하셨다. 늦은 밤, 집으로 돌아오는 차 속에서 남편이 말을 꺼냈다.

"우리 그 교회에서 하는 집회에 참석해야겠어."

나는 싫지는 않았지만 걱정이 되어 말했다.

"뉴저지까지 가야 하는데요? 너무 멀고 더구나 밤길인데 괜찮을까요?"

"괜찮아, 갈 수 있어."

"알았어요, 그러면 가십시다."

운전해야 하는 운전기사가 괜찮다고 하니 나는 쾌히 승락하였다. 그래서 하루만이라도 참석하기 위해 토요일 저녁에 일찍 저녁을 먹고 차를 타고 나섰다. 점점 어둠이 짙어져 가고 있는 밤길을 헤치면서 달려가는데, 길은 왜 그리 멀고도 먼지 가도가도 끝이 없어 보였다.

어느덧 차는 시골길로 들어섰고 마을에 도착하여 교회를 찾았다. 교회 간판이 붙은 불빛을 보고 차를 멈춰 세운 후 우리는 교회 안으로 들어갔다.

아담하게 지어진 교회에는 성도님들이 꽤 많이 앉아 있었고, 찬양하는 소리가 울려 퍼지고 있었다. 강사 목사님의 말씀으로 은혜의 시간을 갖게 되었는데, 집회가 끝나고 나오는 우리 부부에게 교수님이신 담임 목사님이 반가워하며 말씀하셨다.

"장로님! 강사 목사님의 기도를 받고 가세요."

"그렇게 하지요. 여기까지 왔는데 받고 가야지요."

우리는 다시 교회에 들어가서 앉았다. 강사 목사님은 기도 받기 원하는 사람들을 차례로 기도해 주셨고, 우리에게 오셔서 기도를 시작하시자마자 남편에게 곧장 이 말씀을 하셨다.

"지금 하나님께서 말씀하십니다. '너의 갈 길을 이미 보여주었다'고."

그리고 또 하시는 말씀이 "사람들의 말을 잘 듣는다"라고 하셨다. 나는 깜짝 놀라서 귀를 기울였더니 나에게도 또다시 같은 말씀을 들려주셨다. 하나님께서 들려주신 음성이었다. 믿음이 연약하였기에 사람들의 시기와 질투를 견디지 못하였고, 주님의 마음을 잘 알지 못하여 어리석게 행동했던 일들이 많았으며, 오랫동안 섬기던 교회를 떠나 방황도 하였다. 그러나 성령님의 이끌림을 받아서 주님을 만나는 체험을 하게 됨으로써 나의 자아가 깨어지는 변화가 내 안에서 일어났다.

"만군의 여호와께서 말씀하시되 이는 힘으로 되지 아니하며 능력으로 되지 아니하고 오직 나의 영으로 되느니라"(스가랴 4:6).

이러한 성령의 역사하심으로 모든 것이 합력하여 선을 이루어 주셨음을 깨닫게 되었다. 우리는 교회를 나와서 집으로 향하였다. 급한 마음으로 올 때는 너무 멀다고만 느꼈던 생각이 온데간데없어지고, 자정이 가까웠는데도 하나님께서 주신 말씀으로 인해 기쁨이 넘쳐서 집으로 돌아오게 되었다.

그전에도 우리에게 하나님께서 신실한 주의 종을 통해 음성으로 들려주신 일이 있었다. 돌아가라는 말씀과 함께 선교의 비전을 갖게 하신 것이다. 그런데 어떤 길로 돌아가야 할지 보이지 않았고 아무 응답이 없어서 그저 기도만 하고 있었는데, 어느 날 나에게 꿈으로 보여주셨다. 오랫동안 섬겼던 예전의 교회에서 예배드리는 광경이 두 번 연속으로 보였고, 세 번째에는 담임 목사님이 우리 집에 심방 오시는 꿈까지 꾸었다. 나는 그저 꿈이려니 하면서 남편에게 말했다.

"여보, 내가 꿈을 꾸었는데 말이예요, 전에 다니던 교회에서 예배드리는 꿈을 세 번이나 꾸었어요. 그리고 목사님께서 우리 집에 심방까지 오셨어요."

남편은 한참 동안을 아무 말도 하지 않고 있다가 입을 열었다.

"여보, 아무래도 우리가 다시 그 교회로 돌아가야 될 거 같아."

남편 또한 다시 예전의 교회로 돌아가기를 바라고 있음을 알게 되었다. 그러나 나는 달갑지가 않아 주저하였으며 그저 '꿈은 꿈일 뿐이다'라고 생각하고는 지나쳐 버렸다. 그리고 몇 주가 흐른 뒤 다시 강력한 성령님의 음성이 들렸다.

"빨리 일어나 가거라."

나는 벌떡 일어나 결국은 남편에게 가서 선언하고 말았다.

"내일이 주일인데 난 예전 그 교회로 갈 거예요."

더 이상 머뭇거릴 수가 없었다. 주님의 명령인데 내가 무엇을 두려워하리요. 그리하여 주일날 아침이 되어서 예전의 교회로 향하였다. 교회를 떠나온 지 벌써 7년이라는 세월이 흘렀지만, 때가 되어 다시 돌아가라는 음성에 순종한 것이다. 주님은 나의 부족하고 연약한 마음에 담대함을 주셨고, 주님과 교제하는 기쁨이 더욱 컸기 때문에 다시 예전의 교회로 돌아갔을 때에 마음의 아무런 거리낌이 없었다. 하나님의 은혜와 사랑이 나의 마음을 가득 채웠기 때문이다.

교회에 발을 들여놓는 순간부터 모두가 놀라는 눈치였다. 많은 교인들 중에는 모르는 분들도 꽤 있었는데, 목사님은 마침 선교를 가셔서 만나 뵙지를 못했다. 오랫동안 같이 교회생활을 했던 교인들 중에는 반가워하는 분들도 있었지만, 그렇지 않은 분들도 있었다. 수군수군대거나 비난의 눈초리로 바라보는 시선도 느껴졌고, 조롱하는 소리들이 내 귀에 들려왔다. 하지만 이제 나에게 사람들의 눈치와 시선은 중요하지 않게 되었다. 교회를 떠나온 동안에 우리 부부에게는 오직 주의 은혜와 사랑으로 흠뻑 채워져 있었기에 인간적인 모든 것을 초월할 수 있었고, 그저 잠잠히 기도할 뿐이었다.

"주여! 주의 몸된 교회의 성도들에게 주의 사랑이 강같이 흘러넘치게 하시고, 이 교회에 주의 나라가 임하게 하옵소서. 할렐루야! 아멘."

8

주님의 날개 안에 안전히 거하다

하박국 3장 17절 말씀을 묵상할 때마다 성령님의 위로하심과 평안함, 강건케 하심을 느낄 수 있다.

"비록 무화과나무가 무성하지 못하며 포도나무에 열매가 없으며 감람나무에 소출이 없으며 밭에 먹을 것이 없으며 우리에 양이 없으며 외양간에 소가 없을지라도 나는 여호와로 말미암아 즐거워하며 나의 구원의 하나님으로 말미암아 기뻐하리로다"

"주님, 저는 지금 아무 열매도 맺지 못하였지만 지금 저의 영혼은 기쁨으로 충만합니다. 주님이 나와 함께하심을 찬송하며 감사드립니다."

욥이 모든 이치를 깨닫고 회개하며 고백했던 말씀이 떠올랐다.

"내가 주께 대하여 귀로 듣기만 하였사오나 이제는 눈으로 주를 뵈

옵나이다"(욥기 42:5).

전에는 성경말씀을 읽어도 감격이 없었고 깨달음도 없었는데, 이제는 말씀 하나하나가 가슴 깊이 감동으로 다가옴을 느낀다. 말씀에 깊이 들어가 하나님의 마음을 깨달아 알게 됨으로써, 지금까지는 머리로만 하나님을 믿고, 주님을 섬긴다고 하면서도 죄를 지으며 필요할 때만 주님을 찾던 나의 죄된 모습을 볼 수 있게 되었다.

하나님께서는 이런 나를 외면하지 않으시고 끝까지 참으시며 나와 함께하셨고, 나의 모든 기도와 간구에 응답하셨음을 깨닫게 되어, 더욱 주님을 사모하면서 부르짖어 기도하였다. 그때 내 마음이 뜨거워지면서 내 입술에서 이상한 언어가 튀어나오는 경험을 하게 되었다. 나는 놀랐고 '정말 이것이 방언일까' 하고 의구심도 들었지만, 의심은 잠시였고 계속 기도하게 되자 나의 영혼이 더욱 새로워지는 기쁨을 맛보게 되었다.

하나님께서는 우연한 기회에 오선일 목사님을 만나게 해주셨다. 우리가 어려움에 처해 있을 때에 가끔씩 오셔서 기도해 주시고 하나님의 말씀을 들려주셔서 위로함을 받고 힘을 얻은 때가 참으로 많았다. 목사님은 롱아일랜드에 있는 교회를 섬기고 계셨는데, 성령 충만한 주의 종이셨고 사모님 또한 기도하는 은사가 있으셨다.

어느 날은 온 식구가 휴가를 받아 여행하시면서 잠시 우리 집을 방문하셨다. 아직 아이들이 초등학생, 중학생인지라 아이들을 위한 여행 중이셨다.

우리 부부와 목사님 내외분이 같이 기도실에서 뜨겁게 기도하는 가운데 사모님이 말씀하셨다.

"하나님께서 보여주시고 있어요. 푹 절여진 것인데 마치 절여진 배추와 같은 것을 보여주시네요."

또 우리를 위한 말씀들로 성경 구절들을 들려주시면서 간절히 기도해 주셨다. 나는 하나님이 주신 말씀을 듣는 순간 깨달음이 왔고, 내 마음도 이를 받아들였다.

'아, 네에, 주님! 우리의 뻣뻣하고 강퍅한 심령이 하나님 은혜로 푸욱 절여진 거죠. 이제는 주의 말씀과 기도로 녹아져서 숨이 죽은 배추와도 같이 오직 주님께만 향하게 된 것이군요. 오, 주여! 감사합니다.'

우리는 모두가 눈물로 기도하는 은혜의 시간을 가졌고, 목사님 가정은 다음날 다시 여행길을 떠나셨다.

매일 아침 하나님께 드리는 예배 시간은 우리의 마음을 새롭게 하며, 주를 더욱 가까이하는 만남의 시간이 되고 있다. 어느 날은 찬양할 때에 나의 마음이 뜨거워졌고, 어느 날은 주기도문을 하고 있을 때에 "거룩하신 하나님" 하며 하나님을 부를 수 있게 해주신다. 그 은혜가 왜 그렇게도 감격스러운지, 내 마음을 은혜의 물결로 적시며 왈칵 눈물이 쏟아져 내리기도 한다.

이렇게 하나님 앞에 무릎을 꿇고 기도하며 나아갈 때는 하나님의 사랑과 은혜의 감격이 충만하지만, 현실에서는 늘 사탄의 공

격이 있어서 우리를 넘어지게 하며 곤경에 빠뜨려 어려움을 겪게
한다.

그러나 모든 환난 가운데서도 큰 도움이 되시는 주님의 능력으
로 어려운 문제들이 해결되곤 하였다. 그래서 모든 갈등에서 빠져
나와 기쁨으로 주를 찬송케 되며, 강물 같은 주의 평안함으로 우리
의 마음을 어루만져 주심을 경험하게 된다.

"하나님이 우리에게 주신 것은 두려워하는 마음이 아니요 오직 능
력과 사랑과 절제하는 마음이니"(디모데후서 1:7).

변함이 없는 진리의 말씀은 오늘도 내일도 나의 마음속에 늘 새
롭게 새겨진다.

야곱이 가족들을 이끌고 세겜에 이르렀을 때, 딸 디나로 인해 야
곱의 아들들이 범죄함으로 원수들의 공격을 받을 위험에 직면하게
되었다. 그때 하나님은 야곱의 기도를 들으셨고, 그가 서원하였던
것을 잊지 않으시고 "벧엘로 올라가라"는 말씀을 주셨다. 그리하여
모든 가족들은 벧엘로 올라가서 마음을 정결케 하고 모든 우상들
을 버리며 하나님 앞에 제단을 쌓았다. 이에 하나님께서 야곱의 모
든 고난을 피하게 하셨고 그를 보호해 주셨다.

'내 인생길의 벧엘은 어디인가?'

하나님께 인생의 짐을 다 맡기고 삶을 드리는 제단을 쌓을 때,
우리는 빛 가운데로 걸으며 모든 어둠이 물러가고 새 아침을 맞게
된다. 더불어 우리의 삶은 기쁨으로 오직 주님만을 찬양하며 영광

돌리는 삶이 된다.

이제 나의 영혼은 주님의 날개 안에 안전하게 거하며, 주님과 함께 드높이 창공을 날고 싶다.

"빛이 없어도 환하게 다가오시는
주 예수 나의 당신이여
음성이 없어도 똑똑히 들려주시는
주 예수 나의 당신이여,
주님이 계시므로 나는 있고
주님의 노래가 머물므로 나는 부를 수 있어요
주여! 꽃처럼 향기나는 나의 생활이 아니어도
나는 주님이 좋을 수밖에 없어요
주 예수 나의 당신이여"

나는 이 찬양을 부를 때마다 주님이 가까이 계심이 느껴지며, 찬양의 가사가 내 신앙의 간증이 되어 마음속 깊이 울려퍼진다.

"주님! 주님은 보이지 않지만 나의 영혼에 빛으로 비쳐주시고 살아 계신 주의 음성을 들려주셨기에 나는 부르짖게 되었습니다. 주님, 내가 여기 있사오니 나를 받아 주시옵소서."

어느 날은 운전하면서 복음성가를 듣게 되었는데, 갑자기 찬송 중에 하나님의 임재하심이 느껴지면서 성령님의 어루만져 주심으로 인해 솟구치는 감격으로 눈물이 앞을 가렸다. 운전 중이라서 당황하면서 흐르는 눈물을 연방 닦아내며 달렸던 기억이 난다.

이 세상에는 재능있는 많은 이들이 음악으로 혹은 그림으로, 글로 감동을 주거나 또는 아름다운 시를 써서 그 속에 뜻을 담아 사람들로 하여금 감탄을 자아내게 하지만, 거기에는 진정한 감동의 눈물이 없다. 나에게는 그러한 사람들의 재능이나 기교를 통한 감동보다는 하나님의 말씀이 감동이 되어 눈물로 고백하게 되며, 마음 깊은 곳에서 솟아나는 생명수로 인한 기쁨이 나를 더 충만하게 한다.

그리고 이유도 모르게 하염없이 흐르는 눈물 속에 하나님의 사랑과 성령님의 감동하심을 느끼게 된다. 만물의 주인 되시는 하나님의 역사하심이 말씀 속에서 살아 움직이는 것이 보이고, 때로는 신비한 세계가 보이기도 한다. 이 능력의 말씀이 성령님의 도우심으로 미련하고 어리석은 나를 변화시키시기에, 나의 영육간 모습이 변해가고 있다는 것을 깨닫게 된다. 이 모든 영광을 오직 하나님께 돌리며 찬양드린다.

9

선교 비전을 향하여

　　　　　"주여! 당신의 뜻이 우리가 품은 뜻이
되게 하소서. 또한 그 뜻을 이루어 주소서."

"너희 안에서 행하시는 이는 하나님이시니 자기의 기쁘신 뜻을 위
　　하여 너희에게 소원을 두고 행하게 하시나니"(빌립보서 2:13).

　　남편은 항상 선교에 관심이 있었고, 그 꿈을 이루고 싶은 마음으
로 사업도 열심히 해왔다. 그래서 세계에 흩어져 있는 선교사들 중
에서 열 분을 선정하여 기도하면서 도왔다. 그러다 사업을 마무리
하면서 중단하게 되었고, 현실적인 여건 속에서 본의 아니게 모든
것을 잊고 살아가게 되었다.

　　그러나 하나님께서는 잊지 않으시고 우리를 깨우셨으며, 7년이

라는 공백 기간을 통하여 단련시키시고, 우리 마음속에 큰 변화를 일으켜 주셨다. 많은 시련과 고통 속에서도 환난을 통과하게 하셨고, 영적 싸움에서 투쟁하며 준비케 하셨다.

우리의 영혼이 날마다 새롭게 되는 체험을 하게 되었을 때, 선교 일을 하라는 주의 음성을 들려주셨다. 참으로 신실하시고 진실하시고 실수가 없으신 주님은 부족한 우리들을 위하여 언제나 쉬지 않고 일하고 계셨음을 깨닫게 되었다.

능력이 무한하신 하나님은 나이에 상관 없이 칠십이 넘어가고 있는 이 나이에 다시 일터로 나가게 하셨으니 진정으로 감사드리는 마음뿐이다. 그래서 말씀에 순종하기를 바라면서 주의 뜻대로 이루어지기를 기도하던 중에 선교의 꿈을 꾸게 되었고, 또한 마음속에 품고 있던 것을 말할 수 있는 기회도 주셨다. 어느 날 심방 오신 목사님께 남편이 말했다.

"목사님, 이제 저희들도 선교에 동참하겠습니다. 단기선교지에도 같이 가겠습니다."

오래 전에 교회의 선교위원장을 맡았을 때도 가게 일이 바쁘다는 핑계로 선교에는 한 번도 동참하지 않았는데, 이제 다 늙게 이 나이에 가서 어떻게 해야 할지, 더구나 환경에 민감한 우리인데 어떻게 견딜 수 있을까, 내 마음 한구석엔 걱정부터 앞섰다. 그러나 나는 생각을 돌려 주님께로 향하였다.

'아니야, 주님이 함께하시면 우리도 감당할 수 있어.'

이런저런 생각에 빠져 있을 때 목사님께서 나에게 물어보셨다.

"권사님, 정말 선교지에 갈 수 있어요?"

'나는 정말로 감당할 수 있을까?' 잠시 망설이다가 "목사님, 하나님께서 허락하시면 가고말고요"라고 대답했다.

사실 확신에 찬 대답이라기보다는 하나님께 핑계를 대고 그 책임을 미루어 보자는 답변이었다. 그러나 나는 모든 것을 주님께 맡기고 싶었다. 감당할 수 있도록 힘과 능력을 주실 때까지 기다리고 싶었다.

요즘은 나도 가게에 나가고는 있지만 전적으로 맡아서 일을 하지는 않는다. 그렇지만 한창 가게가 바쁠 때, 같이 정신없이 일을 도와주고 나면 왜 그렇게 몸이 피곤하고 감당하기가 벅찬지, 그저 주저앉고만 싶은 피곤한 몸이 되어 버린다. 남편이 선교지에 가겠다고 결심했는데 내가 포기하면 안 되겠기에 '성령님, 도와주세요. 힘을 주세요'라고 기도하게 되었고, 용기를 내어 운동도 하고 틈틈이 걷기도 하니 굳어진 몸이 조금은 풀어지는 듯하였다.

남편은 우선 목사님이 가시는 곳으로 함께 선교를 가겠노라고 이야기했다. 그리고 나서 여름이 가까워올 무렵이었다. 교회에서는 단기선교지로 여러 나라들을 정해 놓았고, 동참할 분들을 모집한다는 광고가 눈에 들어왔다. 남편은 어김없이 약속한 대로 신청서 용지를 가져다가 쓰기 시작하며 나에게 의견을 물었다.

"여보, 당신 금년에 선교지에 두 번 갈 수 있지?"

나는 조금 주저하다가 "그래요"라고 대답했다.

그렇게 생각할 겨를도 없이 바로 써서 제출하고서 일주일 후 주일예배를 드리고 나오는 우리에게 선교위원장님이 다가와서 말씀하셨다.

"장로님, 잠깐 드릴 말씀이 있습니다."

우리 부부는 선교위원실로 들어갔다.

"장로님, 선교 신청서에 필리핀과 니카라과이 두 곳을 쓰셨는데, 필리핀은 인원이 차서 한 곳만 가셔야겠습니다."

듣고 있던 남편은 서운한 듯 말했다.

"꼭 가고 싶은데요. 제가 계획한 것이 있어서요"라고 여러 말을 늘어놓기에, 나는 남편의 옆구리를 쿡 찌르며 일어나자는 눈짓을 하면서 "잘 알겠습니다, 장로님" 하면서 먼저 일어났다. 그리고 밖으로 나와 집으로 가는 중에 '하나님의 뜻이 있겠지' 하는 생각이 들면서 집에 도착하자마자 남편에게 말을 꺼냈다.

"우리, 선교위원장님의 의견에 순종하도록 해요. 괜히 우겨서 가는 것도 좋지 않으니까요."

전에 남편은 목사님과 필리핀에 같이 가기로 약속한 바가 있어서 그렇게 말하였던 것이다. 그래서 서운한 생각이 있었지만 포기하고 한 곳만 가기로 결정했다. 사실 나에게는 많은 부담이 있었다. 두 달 안에 두 곳을 가기란 이 나이에 무리인 듯싶었는데, 오히려 잘되었다고 생각되었고 내 마음도 조금 가벼워졌다.

이렇게 해서 두 달간 선교훈련팀들과 함께 사역의 종목에 따라서 훈련받으면서 더욱 기도에도 집중하였다. 요즈음 나에게는 많은 변화가 일어나고 있다. 무엇인가 마구 하고 싶은 마음이 일어나며 담대함과 용기가 용솟음치고 있는 것은, 내 안에서 성령님이 불같이 역사하고 있다는 증거가 틀림없었다. 그러나 현실에서는 때때로 잠잠해야 한다는 것도 느끼게 된다.

어느 날 토저 목사님의 책에서 이런 글을 읽었다.

"아무런 활동을 하지 않는 것이 때로는 최고의 활동이 되기도 한다."

또한 성경 말씀 한 구절이 떠올랐다. 예수님께서 승천하시면서 제자들에게 하신 말씀이다.

"너희는 위로부터 능력으로 입혀질 때까지 이 성에 머물라"(누가복음 24:49).

그렇다! 하나님의 도우심을 바라보며 기다릴 줄 아는 겸손한 자가 되어야겠다. 이제 선교지에 갈 것을 다짐하고 나니 내 마음속에 떠오르는 것이 있었다. 열악한 선교지의 현지인들에게 우리 한국 문화를 보여주며 위로해 주고 싶은 마음에, 무엇이 좋을지 떠오르도록 기도하던 중에 성령님이 생각을 주셨다.

고전무용으로 찬양하면 좋겠다는 생각이었다. 그러나 한편으로는 '정말 내가 할 수 있을까?'라는 의구심도 들었다. 한번도 해보지 않았던 것을 하겠다는 내가 어리석은 것이 아닌가 하는 부정적인 생각도 들었지만, 주님이 기뻐하시는 일이라면 무엇이든지 하겠다는 담대함이 생겼고, 용기가 솟구쳐 올랐다.

"내게 능력 주시는 자 안에서 내가 모든 것을 할 수 있느니라"(빌립보서 4:13).

기독교 역사상 가장 위대한 복음의 사도, 바울의 말씀을 되새겨 보았다. 지체하지 않고 곧바로 신문을 찾아 뒤적이다 보니 눈에 들어오는 광고가 있었다. 바로 고전무용에 관한 모집 광고였다. 나는 반가워서 기쁜 마음으로 전화번호를 눌러 보았다. 그리고는 자세한 내용을 다 듣고 나서 쉽게 결정을 하게 되었고 배우기로 마음 먹게 되었다. 그래서 일주일에 1시간씩 배우기로 하고 시작하였는데, 이미 나이 먹어 굳어진 몸이라서 잘 돌아가지 않았고, 아주 쉬운 동작마저도 힘이 많이 들었다.

선생님은 "이렇게 하시려면 그만두는 게 나아요"라고 말씀하곤 했지만, 꼭 해야 한다는 의무감에서가 아니라 운동도 할 겸 이 나이에 고전무용을 배운다는 것이 매우 흥미로웠다. 때로는 한 시간 하고 나면 너무도 피곤하여 지칠 때도 많았지만 인내하면서 열심으로 배웠다.

찬송가 한 곡을 선택하여 동작을 거의 익혀 가면서 마지막 절을 끝내는 중이었다. 단기선교를 갈 날이 얼마 남지 않았는데, 난데없이 큰 사고를 내고 말았다. 지금까지 자동차 사고를 크게 낸 적이 없었는데, 딸과 같이 점심을 먹고서 나 혼자 가게로 가던 중에 깜박하는 사이에 눈이 감겨졌나 보다.

　이상한 소리에 깜짝 놀라 눈을 떠보니, 이미 내 차는 앞차를 박고는 곤두박질하여 계곡으로 처박히려는 순간에 큰 나무에 걸려 '쾅' 하고 부딪치고 말았다. 순간 나도 모르게 큰소리로 "주여! 주여!" 하면서 부르짖었다. 그리고 정신을 차린 후에 가방에서 전화기를 꺼내어 남편에게 전화를 걸고 나서 마침내 울음이 터지고 말았다.

　'아아, 어쩌면 좋아, 바보같이 이런 일을 저지르다니…. 이제 아무것도 할 수 없고 선교도 갈 수 없게 되어 버렸네….'

　나 자신을 한탄하며 엉엉 울고 있었다. 그런데 이상한 일이었다. 자동차가 완전히 박살이 났는데도 나를 돌아보니 정신이 온전하였고, 내 몸을 여기저기 움직여 보아도 다친 곳이 하나도 없이 멀쩡하다는 것을 그제서야 깨달은 것이다.

　'아아! 하나님의 도우심이었구나. 주님이 나를 지켜주셨어.'

　감격의 눈물이 흘러내렸다. 부서진 창 밖을 내다보니 경찰들이 왔다갔다 하고 있었다. 움직이고 있는 나를 보고는 살아있다는 것을 알고 손짓하며 밖으로 나오라고 했다. 그래서 주섬주섬 가방을 챙겨서 나오려고 하니 문이 완전히 부서져서 도무지 열리지가 않았다. 경찰이 도와주어 겨우겨우 문을 열고 밖으로 나왔다. 도로는 완전히 차단되었고 수많은 사람들이 차 밖으로 모두 나와 있었다.

　당황한 나는 걸어서 응급차에 올라 응급실로 향했다. 응급차 안에서 아픈 곳은 없는지, 팔다리는 문제가 없는지 이것저것 물어보았다. 그제야 옆구리에 통증이 있다는 것을 알게 되었다. 한참을 가다가 응급차는 에빙톤병원의 응급실 앞에 도착했고, 나는 응급실 안으로 실려 들어갔다.

여러 명의 의사들이 한 명씩 들어와서 이것저것 물어보면서, 크게 다친 곳은 없는지 체크해 보고는 아무 이상이 없다는 것에 모두들 놀라는 표정이었다. 옆구리에 통증이 있다고 하니까 X-ray실에 데려가서 사진을 찍었는데 모든 것이 정상이라고 하였다. 그래서 얼마 동안 병원에 있다가 퇴원하라는 의사의 처방을 받고서 집으로 돌아오게 되었다.

내 마음은 너무나 슬프고 황당하기만 하였다.

'왜 이런 일을 당했을까?'

나 자신에게 반문해 보았다. 항상 조심한다고 다녔는데 어쩌다 이런 실수를 하게 되었는지 속이 무척 쓰렸다.

'그래, 이렇게 큰 사고가 났으니 아마도 이 상황에서 죽을 수도 있었겠지, 팔다리가 부러지거나 머리를 다칠 수도 있었을 거야.'

여러 가지 생각이 머리를 스쳐 지나갔다. 사탄 마귀는 쉴새없이 우는 사자와 같이 우리를 공격해 오며 넘어뜨리려 하고 있다. 그러나 나의 피난처 되시고 방패가 되시며 환난날에 큰 도움이 되시는 주님께서 언제나 나와 함께해 주셨다는 확신이 들면서, 나는 다시 한 번 하나님께 감사와 찬송을 드렸다.

그리고 그 이튿날이었다.

남편도 착잡한 표정으로 나에게 물었다.

"당신 차가 완전히 망가져서 폐차할 수밖에 없다고 하니까 차에 가서 물건을 꺼내려고 하는데 같이 가볼 거야?"

"그래요" 하고 대답하고는 남편에게 너무 미안한 마음이 들어서 아무 말도 못하고 허전한 마음을 달래며 따라나섰다. 차를 끌어다 놓은 곳에 가보니 부서진 많은 차들이 있었는데, 그중에 제일 많이 찌그러지고 일그러져서 엉망진창이 된 차가 눈에 들어왔다.

"어머나! 이게 내 차가 맞아? 이 정도로 부서졌다니!"

나는 내 눈이 의심스러워 소리를 지르고 말았다. 그동안 아끼며 나와 같이 늘 다녔던 차였는데, 나의 친한 동료가 없어진 느낌이 들었고 눈물이 핑 돌았다. 나의 잘못으로, 나를 대신하여 이렇게 망가져 폐차할 수밖에 없다니… 내 차가 나를 살린 셈이었다.

'주님! 주님은 저를 살리시려고 온갖 조롱과 멸시를 묵묵히 참고 견디며, 십자가 위에서 이렇게 몸이 찢기고 상하며 보혈을 흘리셨군요.'

마귀의 권세를 무너뜨리심으로 구속의 은총을 받은 나는 새삼스레 주님의 사랑을 가슴으로 깊이 느끼며 감사의 눈물을 흘렸다. 일주일이 지나니 옆구리의 통증도 어느새 사라졌다. 이제 선교도 갈 수 있겠구나 싶었고, 그동안 연습을 하지 못했던 찬양 무용도 계속하게 되어서 너무나 감사했다. 그리고 부족하지만 하나님께 영광돌릴 수 있기를 바라는 마음으로 더욱 간절히 기도하게 되었다.

니카라과이 선교지에서

10

만남의 축복

　　만남이란 매우 중요한 사건이라 할 수 있다. 누구를 만나느냐에 따라 그의 삶이 변화될 수 있고, 그 사람의 인격 형성에 큰 영향을 미칠 수도 있으니 말이다. 사람은 태어나면 부모님과 첫 만남을 갖게 되고, 자라서는 형제들, 친구들과의 만남을 갖게 된다. 또한 스승, 직장 동료, 배우자와의 만남 등 중요한 만남들로 인생을 살아가게 된다.

　그러나 그 무엇보다도 우리 인생에 있어서 가장 중요한 만남은, 참 생명 되시고 진리 되신 주님과의 만남이라고 할 수 있다. 그로 인하여 인생의 전환점이 찾아오며, 영혼의 참 기쁨을 맛볼 수 있게 된다. 이것은 주님을 만나본 사람만이 가질 수 있는 귀중한 보화이다. 천지 만물을 지으시고 그것을 주관하고 계시는 전능자의 손이 있기 때문에 우주의 모든 물체가 질서정연하게 궤도를 따라 움직이며 이탈하지 않고 돌아가고 있음을 보면서, 우리는 그분 안에서 안전하게 살고 있음을 느끼며 감탄하지 않을 수가 없다.

아담의 죄로 인하여 인류에게 죄가 들어왔고, 하나님과의 관계가 끊어져서 영적 어둠이 찾아왔을 때, 하나님의 크신 사랑으로 예수님을 통하여 인류를 구속하여 주셨음을 성경이 가르쳐 주고 있다.

이러한 전능하신 하나님을 믿고 경외하며 신뢰하는 것이 얼마나 축복된 삶인지 깨닫는 자만이 그 기쁨으로 충만하게 된다.

믿음의 눈으로 바라보면, 우리가 이 세상을 살아가는 것이 그저 스쳐 지나가는 인생이 아니라 하나님의 섭리 속에서 이루어지고 있음을 알게 된다. 그러므로 우리가 경험하는 모든 일들 속에서 우연이란 결코 있을 수 없다.

그런데 이렇게 하나님을 믿는 우리들인데도 왜 세상 사람들보다 기뻐하며 살지 못할까?

이 세상은 공중권세 잡은 자, 사탄의 공격으로 더욱 혼란해져 가고 있으며, 사람들의 마음은 메마른 땅과 같이 점점 더 강퍅해지고 있다. 또한 불평불만으로 가득 차 하나님을 대적하며 불신앙으로 치달아 가는 것이 현실 세계이다. 지구상에는 끊임없이 천재지변이 일어나고 기근과 가뭄으로, 또는 테러와의 전쟁으로 온 인류가 공포에 휩싸이고 있다.

그럼에도 불구하고 언제나 변함없이 동일하신 하나님께서는 지금도 쉬지 않고 일하고 계시며, 말씀대로 하나하나 이루어 가고 계심을 보게 된다.

세상 사람들은 하나님의 살아 계심을 알지 못하고 깨닫지 못한 채 어둠 속에서 방황하며 살아가고 있다. 하나님을 믿고 살아왔던 나 자신만 보더라도, 뒤돌아보면 하나님을 잘 알지 못하였기에 나의 의지대로 살았고, 세상 사람들과 다를 바 없는 삶을 살았으며, 어리석고 무지하여 주님을 의지하기보다는 세상을 더 의지하고 바라보던 내가 아니었던가. 그런 나에게 주님은 다가오셔서 깨우쳐 주셨다.

"딸아, 너는 왜 나를 찾지 않았니?"

주님은 나와 대화하기를 원하셨다. 나는 주님을 잘 믿고 있다고 생각했지만, 정작 그분을 잘 알지 못하고 있었음을 깨닫게 해주셨다. 나는 주님께 기도하며 간구했다.

"주여! 저에게 믿음을 주세요."

그때 내 안에 말씀이 떠올랐다.

"구하라 그러면 너희에게 주실 것이요 찾으라 그러면 찾을 것이요 문을 두드리라 그러면 너희에게 열릴 것이니"(마태복음 7:7).

그렇다! 하나님을 열심히 찾고 간구하여 주님을 만나야 한다. 성령님은 또다시 말씀을 통해 깨닫게 하셨다.

"하나님께서 구하시는 제사는 상한 심령이라 하나님이여 상하고 통회하는 마음을 주께서 멸시하지 아니하시리이다"(시편 51:17).

하나님은 나와 함께하기를 원하셨지만, 나는 주님과 교제하기를 게을리하였다. 그저 현실에만 얽매어 살았던 나 자신을 깨닫게 된 후로는 눈물로 부르짖어 기도하였다. 그때 성령님이 나의 마음문을 열어 주셨고, 눈을 뜨게 해주셔서 하나님의 마음을 알게 해주신 것이 얼마나 귀하고 소중한지….

세상이 줄 수 없는 평안과 기쁨이 나의 가슴에 충만히 임하고, 그 감격이 눈물이 되어 흘러내리고 있었다.

인생의 거친 풍랑은 우리 삶 가운데에 끊임없이 몰아치며 홍수 같이 밀려오고 있다. 그렇기 때문에 여러 가지 시험과 고난, 역경을 만났을 때에 참고 견디며 이길 수 있도록 늘 주님을 바라보며 기도하는 것이 복된 삶이다.

비가 온 뒤에는 더욱 찬란히 태양이 떠오르듯이, 모든 것을 극복한 후에 오는 하나님의 축복이 더욱더 크다는 것을 믿고 신뢰하면서 욥의 인내를 배워야 한다. 어려운 고통 가운데서도 우리와 함께하시는 하나님을 의식하면서 하나님 나라가 임하도록 기도하며 간구해야 한다. 그러면 주님의 평강이 임하는 것을 맛볼 수 있다.

하나님을 만나야 하는 이유가 또 있다.

고달픈 인생길을 주님과 같이 걸어갈 때, 기쁨과 즐거움이 우리 마음속에 용솟음쳐 오르며 주님만을 바라볼 때, 힘과 용기를 주셔서 넘어져도 담대히 일어설 수 있도록 성령님의 능력이 함께하신다.

갈급한 심령으로 온 정성을 다하여 주님을 찾고 소망하며 갈망할 때에, 주님은 우리 곁에 오셔서 위로해 주시며 참 자유를 주신다. 그래서 그 어느 프로선수 혹은 그 누구보다도 높은 이상과 자부심을 가지고 당당하게 기쁨으로 살아가게 될 것이다.

하나님께는 능치 못하실 일이 없으시다.

하나님을 가까이할 때에 성령님은 우리를 깨닫게 하시고 도와주신다. 또한 말씀을 묵상하게 될 때에 주님의 십자가를 생각하게 되고, 십자가 보혈 없이는 나의 추한 죄가 깨끗이 씻겨질 수 없음을 깨닫게 하신다. 이러한 주님의 사랑이 한없이 크게만 느껴진다.

"나의 나 된 것은 온전히 하나님의 은혜였지요."

나의 입에서는 항상 감사의 고백이 터져 나온다. 하나님이 주시는 능력으로 하나님의 자녀답게 살 권리가 주어졌다는 것이 얼마나 벅차고 얼마나 자랑스러운지!

"자랑하는 자는 이것으로 자랑할지니 곧 명철하여 나를 아는 것과 나 여호와는 사랑과 정의와 공의를 땅에 행하는 자인 줄 깨닫는 것이라 나는 이 일을 기뻐하노라 여호와의 말씀이니라"(예레미야 9:24).

하나님의 형상으로 지음받은 우리들은 말씀에 순종할 때, 하나님과의 놀라운 만남을 경험하게 되고 하나님의 뜻대로 빚어지게 된다는 진리를 깨닫게 된다.

"내가 거룩하니 너희도 거룩하라"(레위기 11:45).

이 말씀을 대하며 나는 더욱 겸손하기를 간구하며 거룩하신 주님을 닮아가기를 기도하게 된다. 요즈음에는 나의 기도가 바뀌고 있다. 나의 마음에서 미움과 욕심과 교만이 사라지고, 사랑의 정서가 가슴 한복판에 충만하게 넘쳐나기를 기도하게 된다. 또한 하나님 아버지의 뜻을 구하며 주님이 기뻐하시는 삶이 되기를 간절히 구하게 된다. 그러나 성령님의 능력 없이는 거룩한 깨달음도 없고, 기쁨과 소망도 없으며, 영원한 것들이 보이지 않는다.

사무엘은 기도하기를 쉬는 죄를 범하지 않겠다고 하였다. 우리는 한시라도 숨을 쉬지 않으면 죽고 만다. 기도 역시 영혼의 호흡이라는 말씀처럼, 우리가 계속해서 말씀과 기도로 거룩하게 될 때에 우리의 영이 새롭게 되어 주님을 더욱 앙망하게 되며, 이 세상에서는 볼 수 없는 것을 보게 되고, 들을 수 없는 것을 듣게 되어 변화되는 새로운 삶을 살아가게 된다.

하나님의 창조물인 천지만물은 가히 아름답고 신기하며 경이로운 것들로·가득 차 있음을 보게 된다. 하나님의 자녀 된 우리는 매 순간마다 틈을 노리는 사탄 마귀를 대적하며, 나를 억누르고 있는 무거운 세상 멍에들을 모두다 주님께 맡김으로 진정한 주님의 평화를 맛볼 수 있게 된다.

그러나 주님과 동행하려면 먼저 준비된 자가 되어야 한다. 성령님을 나의 마음 가운데 모시고 의지하며 나아간다면, 바다에서 높고 낮은 파도를 타고 즐기는 사람들처럼, 고난의 파도를 의연하고도 멋지게 타고 가는 인생이 되어서, 주님 다시 오시는 그날에 주님과의 만남을 기쁨으로 맞이하게 될 것이다. 풍랑이 거센 세상 물결 한가운데 서 계시는 주님은 오늘도 내일도 우리를 향해 외치고 계신다.

"내니 두려워 말라."

이 얼마나 기쁘고 복된 주님의 음성인가!

나는 오늘도 나에게 외치고 계시는 주님을 향해 부르짖는다.

"나의 눈과 귀를 열어 주셔서 주님만을 바라보며 걷게 해주세요."

"두려워하지 말라 내가 너와 함께함이라 놀라지 말라 나는 네 하나님이 됨이라 내가 너를 굳세게 하리라 참으로 너를 도와주리라 참으로 나의 의로운 오른손으로 너를 붙들리라"(이사야 41:10).

성전에서 쉬지 않고 기도하며 메시아를 기다렸던 안나 선지자와 시므온은 세상에 오신 아기 예수님을 영접하며 주님 오심을 기뻐하였다. 우리도 주님이 다시 오신다고 말씀하신 그 약속을 굳게 믿고 기다리면서, 아무리 세상이 요동칠지라도 두려워하지 않고 주님만 바라보며 참고 견디며 기도에 힘쓸 때에 영광 중에 구름 타고 오시는 주님을 맞이할 수 있을 것이다.

"오, 할렐루야! 찬송할지어다."

"아멘! 주 예수여 오시옵소서!"(요한계시록 22:20).

사도 요한이 마지막으로 집필한 요한계시록에 기록된 이 갈망의 외침은, 주님을 간절히 기다리는 우리 모두의 소망이요 기도이기도 하다.

마지막으로 글을 마무리하면서, 온 우주가 하나님의 은혜로 가득 찬 것을 나의 영으로 바라보며 내 마음 깊은 곳에서부터 찬양이 울려 퍼진다.

"나를 지으신 이가 하나님,
나를 부르신 이가 하나님,
나를 보내신 이도 하나님,
나의 나 된 것은 다 하나님 은혜라.
한량없는 은혜, 갚을 길 없는 은혜,
내 삶을 에워싸는 하나님의 은혜,
나 주저함없이 그 땅을 밟음도,
나를 붙드시는 하나님의 은혜." 아멘!

나의 기도

"주님! 보잘것없는 나의 삶을 주께 드립니다.

나의 마음을 담은 이 글들이 저 하늘 창공을 날아가는 전도의 새가 되게 하소서. 훨훨 날아가는 곳마다, 날개를 접고 앉는 곳마다 성령님 함께하옵소서.

이 책이 펼쳐지고, 한 장 한 장 넘기는 그 손길과 그 마음에 성령의 감화감동이 있게 하사 하나님의 사랑을 온전히 깨닫게 하소서.

주여, 하나님의 형상을 닮은 영혼들을 주님의 사랑으로 감싸 안아주시고, 온 열방과 민족과 교회가 하나 되어 주님을 높이 경배하게 하소서.

성령의 불길이 온 세상을 덮게 하소서!

비둘기 같은 성령님이시여, 우리에게 임하소서!

주의 나라 임하심을 보게 하소서!

예수님의 거룩하신 이름으로 기도합니다. 아멘!"

비상하는 새를 바라보며

정경자

새

정남진

나무의 우듬지에
먹이 물은 어미새 빙빙,
둥지 안의 새끼새
정어린 포근한
단꿀 먹고 쑤욱 쑤욱,
험한 세파의
파도 소리도 듣는다.
시나브로!
둥지 안의 새끼새
어미새 되어,
희망을 꿈꾸며
아름다운 창공을 나는
저 새!

저는 오랫동안 저자인 정경자 권사님과 함께 신앙생활을 해왔습니다. 권사님은 항상 조용하시고 누구에게나 겸손한 미소로 대하시는 모습이 참으로 아름다운 한국의 전통적인 여인상이십니다.

그런데 저자의 글을 읽으면서 권사님이 이렇게 글을 잘 쓰시는지 정말 깜짝 놀랐습니다.

저는 글을 접한 그 순간부터 쉬지 않고 단숨에 그대로 계속 읽었습니다. 제가 살아온 저의 생애와도 너무나 비슷하기 때문에 잊고 있던 저의 과거가 떠올랐습니다.

국가적으로 가난하던 시기에, 시골에서 많은 가족들 틈에 출생되어 공부할 수 없는 여건 속에서도 희망을 잃지 않고 학교에 시험을 치고 합격하였으나, 등록금이 없어서 입학하지 못하는 그 아픔을 저는 잘 이해할 수 있었습니다. 그러나 좌절하지 아니하고 계속해서 열심히 노력하여 자신의 꿈을 키워 나가는 그 힘은 자손들 뿐만 아니라 읽는 모든 독자로 하여금 자신감과 용기를 주게 합니다.

그 어려운 시기에 간호사로서 독일까지 가려 했던 그 의지와 결단은 분명코 성령님께서 인도하신 것임을 알 수 있었습니다. 독일에 가서도 그 어려운 가운데서 3년간이나 십일조를 정확하게 구별해서 귀국 후에 교회에 드림으로써 그 교회가 교육관 건축을 위한 기금으로 사용했다는 것이 얼마나 감사한 일인지 크게 감동이 되었습니다.

권사님의 그러한 신앙은 자녀들에게 커다란 믿음의 유산이 되리라고 생각합니다.

성령의 강한 체험을 통해 선교지에 가서 찬양과 무용으로 많은 사람들에게 감동을 주는 모습을 제가 직접 보면서 정말로 대단한 분이라고 생각하였습니다.

저는 권사님의 글을 읽으면서 모파상의 ≪여자의 일생≫이라는 장편 소설을 생각하게 되었습니다. 정말 한 여자의 살아온 일생에 저렇게 많은 사건과 이야기가 담겨 있구나 하는 진한 감동을 받게 되었습니다. "아멘, 주 예수여, 오시옵소서!"라는 기도의 고백과 함께 '하나님의 은혜'라는 찬양으로 글을 맺는 저자의 모습 속에서 예수 그리스도의 재림에 관한 저자의 강한 믿음과 찬양으로 남은 생애를 살겠다는 헌신의 결단을 엿볼 수 있었습니다.

이 책의 내용은 이민자 우리 모두의 이야기입니다. 우리를 대신해서 자녀들에게 신앙의 모습을 보여주고, 또 믿음의 유산을 물려줄 수 있는 책이라고 생각합니다. 우리 자녀들도 읽으면서 이민 1세가 살아온 삶에 대해 알게 되고 부모 세대를 이해하는 데 큰 도움이 되리라 확신하며 이 책을 추천하는 바입니다.

필라델피아 영생장로교회

이용걸 목사

추천사 2

저는 정 권사님과 박 장로님을 만날 때마다 다음의 성경 구절이 생각납니다.

"눈으로 본 적이 없고 귀로 들은 적이 없으며 아무도 상상조차 하지 못한 일들을 하나님께서는 당신을 사랑하는 사람들을 위하여 마련해 주셨다"(고전 2:9).

정 권사님의 삶 속에서 하나님을 사랑하고 말씀을 따라 살려고 하는 그 몸부림이 결국은 씨앗이 되고, 그 씨앗을 잘 가꿔서 성장시킬 수 있는 밭과도 같은 박 장로님과의 만남을 통해, 그 씨앗들이 성장하고 줄기를 뻗어 축복의 가정으로 열매 맺는 모습을 보면서, 참으로 하나님을 사랑하며 사는 사람들에게 주시는 복이 무엇인가를 알게 됩니다.

박종현 장로님과 저는 하나님께서 맺어주신 형제입니다. 만남은 하나님의 축복입니다. 부부의 만남, 친구와의 만남, 부모와 자식간의 만남, 목사와 성도간의 만남, 이 모든 것이 우연이라고 생각할 수도 있으나 저는 하나님의 축복이라고 생각합니다.

우리의 만남은 한국에서뿐만이 아니고 미국에까지 이어져서 서로를 격려하며 서로에게 힘이 되게 하시고, 믿음의 좋은 아우를 두게 하시니 참으로 감사할 뿐입니다.

어려웠던 성장의 세월들, 언어의 장벽과 외국생활에서의 고통, 경제적인 어려움, 그러한 가운데서도 하나님의 말씀을 지키며 살려고 노력하는 모습들, 특별히 십일조를 통해 하나님 말씀에 순종하려는 그 믿음과, 하나님과 어려운 이웃들과의 남모르는 교제, 이 모든 것들이 씨앗이 되고 때를 따라 주시는 하나님의 축복의 단비가 되어 장로님과 권사님뿐만이 아니라 그 주변 모두에게 주시는 복을 나누게 됨을 볼 때에, 살아 계신 하나님의 말씀의 능력을 새삼스레 아로새기게 됩니다.

박 장로님의 믿음의 뚝심과 정 권사님의 기도의 줄기, 그리고 그 가정에 주신 아들과 따님을 통한 하나님의 축복의 열매가 대대로 이어져서, 하나님께 영광돌리는 아름다운 열매를 우리 모두가 보게 될 것으로 믿습니다. 마치 엉겅퀴에서 무화과를 따려는 허망한 꿈을 꾸는 모든 기독인들에게 박 장로님과 정 권사님의 삶의 결실인 이 한 권의 귀한 책이 경종이 될 것을 믿어 의심치 않습니다. 이 책을 읽으시는 모든 분들께 하나님의 축복이 함께하실 것을 기원하며 기쁜 마음으로 이 책을 추천합니다.

캘리포니아 산골에서

은형규 목사

저에게 있어서 박종현 장로님과 정경자 권사님은 16여 년간의 이민생활에서 얻게 된 새로운 아버지와 어머니 같은 분들이십니다. 현재 저는 한국에 부모님들이 생존해 계시지만, 이곳 미국에서의 두 분은 저에게 마치 부모님과 같은 분으로, 늘 사랑과 격려와 기도로 저와 저의 가정을 응원해 주고 계십니다.

이번에 두 분의 신앙고백적 자서전이 성령의 도우심을 힘입어 출판하게 됨을 함께 기뻐하며 하나님께 감사를 드립니다. 두 분의 삶 속에서 역사하사 두 분으로 하여금 이 믿음의 여정, 순종의 여정을 써내려 가게 하신 살아 계신 하나님의 은혜에 감사를 드립니다. 이 고백적인 자서전을 통해 수많은 분들이 하나님의 살아 계심과, 믿음과 순종의 종들이 어떤 축복을 누리게 되는지를 함께 목도할 수 있으리라고 확신합니다.

우리 모두의 인생 가운데 각자에게 필요한 연단을 허락하시고 정금 같은 믿음을 소유할 수 있도록 준비시켜 주시는 하나님의 크신 사랑과 은혜에 다시 한 번 감사를 드리며, 두 분의 귀한 자서전을 온 마음을 다하여 추천하는 바입니다.

The Business Redeemers 대표

오선일 목사

저자인 나의 동생은 어렸을 때부터 말이 없고 조용한 성격에 겸손하며 순진했습니다. 그러나 배움의 열정이 강하고 마음이 굳건하여 최고 학부의 간호대학을 마치고 병원에서 근무하던 중 파독 백의의 천사가 되었고, 월급에서 십일조를 꼬박꼬박 저축하여 귀국 후 출석 교회에 십입조를 모두 헌금했습니다. 넉넉지 않은 가정에서 쉽지 않은, 오직 주님만을 섬기는 마음에서 나온 헌금이었습니다.

결혼 상대는 성실한 기독교인으로, 흔들리지 않는 굳건한 믿음의 기도 가운데 지금의 남편(박종현 장로)을 만났고, 어린 딸과 아들을 데리고 태평양을 건너 미국에서도 백의의 천사로 살았습니다.

주님과 같이했던 진솔한 간증이 이 안에 있습니다. 몸과 영혼은 견디기 힘들었고, 아픔이 깊을 때마다 신앙심은 더욱더 성숙해졌으며 기도하고 또 기도하며 이겨냈습니다.

삶 자체가 신앙이고 신앙 자체가 삶이었던, 신앙인다운 신앙인의 삶을 살아온 저자의 삶이 이 고백에 고스란히 담겨 있습니다.

저자는 거침없는 필체로 믿음, 소망, 사랑으로 주님의 고결한 향기를 강하게 전하고 있습니다. 가장 낮은 곳에서 주님의 높으신 뜻을 받들어 조용히 실천하며 눈물의 신앙 간증을 썼습니다.

물이 계속해서 샘솟아나듯 세인의 영혼을 감싸주며, 흔들리지 않는 뿌리 깊은 참 신앙인의 삶을 살아가기 바랍니다. 앞으로도 저자가 주님 부르시는 그날까지 저 드넓은 아름다운 창공을 전도하는 새가 되어 자유로이 날 것을 믿어 의심치 않습니다.

큰 언니

정남진

잠언에서 배우는 지혜 12가지

정삼숙 지음

미국의 예일, 줄리어드, 노스웨스턴, 이스트만, 브룩힐, 한 예종, 예원중에서 수석도 하고 장학금과 지원금으로 그 동안 10억여 원을 받으며 공부하는 두 아이지만, 그녀는 성품과 지혜 교육을 더 중요시했다.

잠언에서 찾은 12가지 지혜 심기!

CBS-TV「새롭게 하소서」
저자 출연 동영상 보기

불신자 들도 찾아오는 교회

김성태 지음

다시 바닥에서 시작하면 부흥 된다!
삼척에서 2명이 시작한 큰빛교회를 개척 10년만에
1,300명으로 부흥시키신 하나님의 역사이야기!

**불신자도 칭찬하는 교회의 부흥리더십과
성도들의 파트너십 7가지 특징!**

CBS-TV「새롭게 하소서」
저자 출연 동영상 보기

《맞춤형 30일간 무릎기도문 시리즈》

염려대신 기도합시다! 기도하면 문제가 해결됩니다!

가정❶ 자녀를 위한 무릎기도문

가정❷ 가족을 위한 무릎기도문

가정❸ 남편을 위한 무릎기도문

가정❹ 아내를 위한 무릎기도문

가정❺ 태아를 위한 무릎기도문

가정❻ 아가를 위한 무릎기도문

가정❼ 재난재해안전 무릎기도문(부모용)

가정❽ 재난재해안전 무릎기도문(자녀용)

가정❾ 십대의 무릎기도문(십대용)

가정❿ 십대자녀를 위한 무릎기도문(부모용)

교회❶ 태신자를 위한 무릎기도문

교회❷ 새신자 무릎기도문

교회❸ 교회학교 교사 무릎기도문

365❶ 우리 부모님을 지켜 주옵소서(365일용)

365❷ 번성하게 하고 번성하게 하소서(365일용)

365❸ 자녀축복 안수 기도문(365일용)

기도❶ 선포(명령) 기도문

망망한 바다 한가운데서 배 한 척이 침몰하게 되었습니다.
모두들 구명보트에 옮겨 탔지만 한 사람이 보이지 않았습니다.
절박한 표정으로 안절부절 못하던 성난 무리 앞에 급히 달려 나온 그 선원이
꼭 쥐고 있던 손바닥을 펴 보이며 말했습니다.
"모두들 나침반을 잊고 나왔기에 … "
분명, 나침반이 없었다면 그들은 끝없이 바다 위를 표류할 수밖에 없을 것입니다.

우리는 삶의 바다를 항해하는 모든 이들을 위하여
그 나침반의 역할을 하고 싶습니다.
우리를 구원하신 위대한 주 예수 그리스도를 널리 전하고 싶습니다.

"하나님은 모든 사람이 구원을 받으며
 진리를 아는 데에 이르기를 원하시느니라"

(디모데전서 2장 4절)

창공을 나는 새가 되어

지은이 ┃ 정경자
발행인 ┃ 김용호
발행처 ┃ 나침반출판사

제1판 발행 ┃ 2017년 10월 20일

등   록 ┃ 1980년 3월 18일 / 제 2-32호
주   소 ┃ 07547 서울특별시 강서구 양천로 583
          블루나인 비즈니스센터 B동 1607호
전   화 ┃ 본사 (02) 2279-6321 / 영업부 (031) 932-3205
팩   스 ┃ 본사 (02) 2275-6003 / 영업부 (031) 932-3207
홈   피 ┃ www.nabook.net
이메일 ┃ nabook@korea.com / nabook@nabook.net

ISBN   978-89-318-1547-4
책번호 가-9060

값은 뒷표지에 있습니다.